LES CHEMINS DU BIEN-ÊTRE

DU MÊME AUTEUR

La grande forme.
En pleine santé.
La forme naturelle (Elle/Édition n°1).
Manger pour guérir.
Plus jamais mal au dos (Éditions Fixot).

PIERRE PALLARDY

LES CHEMINS DU BIEN-ÊTRE

FIXOT

J'ai décidé d'être heureux parce que
c'est bon pour la santé.

Voltaire

INTRODUCTION

Ce livre est l'histoire de mon expérience, c'est donc aussi l'histoire de mes patients : ceux qui ont su guérir et ceux qui ne l'ont pas pu. Ces patients m'ont tout appris et, parce qu'ils sont comme vous, comme nous tous, leur exemple peut vous aider à mieux vous connaître vous-même.

J'ai fait avec enthousiasme mes études et j'exerce avec passion mon métier de thérapeute. Cette profession m'a beaucoup appris sur la mécanique des corps, et il m'a souvent semblé que j'avais, dans mes mains de praticien manuel, de quoi guérir tous les cas qui se présentaient à moi. J'ai beaucoup lu, consulté de nombreux confrères, suivi des cours, appris chez chacun pour compléter l'enseignement reçu et l'expérience née de la pratique.

J'ai toujours su, en effet, qu'il fallait voir au-delà d'une nuque douloureuse, d'un dos bloqué, d'un ventre malade.

Depuis très longtemps, je sais qu'une lésion apparente en cache souvent une autre, plus secrète, qu'un dos ne guérit pas si le ventre est tendu ou spasmé, et que l'équilibre physique dépend aussi de l'hygiène de vie ou de la façon qu'on a de se nourrir ou d'aimer. J'ai appris que les souffrances physiques cachent des troubles fonctionnels qui eux-mêmes traduisent toujours d'autres troubles, de l'humeur ou du comportement : fatigue intense, nervosité, dépression, difficultés sexuelles, irritabilité, asthénie, etc.

J'ai, des années durant, travaillé à soulager mes patients, non seulement de leurs douleurs physiques, mais de ces troubles fonctionnels qui les rendaient autant, sinon plus, malheureux.

Mes premières réussites – mes premiers pas vers une meilleure compréhension – me sont venues lorsque j'ai osé dire à mes patients que leurs souffrances, leurs malaises, leurs blocages avoués avaient moins d'importance à mes yeux que ce qu'ils cachaient et que, pourtant, je lisais dans leur corps. Ventres douloureux, vésicules spasmées ou atones, dos « gelés », muscles de pierre. Je devinais en les touchant des maux plus profonds : angoisse, surmenage, sexualité inexistante. Mes patients se taisaient, moi aussi : il est des douleurs trop intimes pour qu'on en parle au premier venu. Mais toucher, c'est déjà rassurer. J'utilisais mes mains du mieux que je pouvais, conscient de leur pouvoir apaisant, chaleureux. Je leur attribuais des résultats qui parfois m'étonnaient sur des patients au long cours, spécialistes de la récidive et apparemment récalcitrants à toute autre thérapeutique.

Mes patients ont souvent derrière eux un long parcours de souffrances et de traitements variés, soigneusement récapitulés dans de volumineux dossiers médicaux dont il ne ressort rien. La vraie raison pour laquelle tant de médecins et de thérapeutes ont échoué à guérir ces troubles fonctionnels pénibles, certes parfois un peu invalidants mais apparemment pas gravissimes, était simplement l'inaptitude des patients à se prendre en charge.

J'ai revu les visages de ceux qui étaient arrivés un jour dans mon cabinet et m'avaient écrit, ou dit, quelques mois plus tard : « Enfin je vais bien, je repars du bon pied. » Et ils étaient si bien repartis que je ne les avais plus revus, sauf pour une visite d'entretien. Tous avaient, un jour, dans le secret de mon cabinet, posé les armes, analysé leurs problèmes, décidé de se prendre en main, de guérir, et réussi à vivre mieux.

Les mains du thérapeute font naître entre son patient et lui un lien particulier, un peu magique, totalement inhabituel dans notre société où toutes les relations sont convenues, codées : la chaleur physique des mains sur la peau nue rassure et crée un rapport humain lui aussi chaleureux, propice à l'abandon. Si bien que, peu à peu, s'instaure un dialogue.

Je pense à ce kinésithérapeute venu de province. La fatigue professionnelle ne parvenait pas à expliquer les tensions de tous ses muscles, ni ses maux de dos récidivants. D'autant qu'il menait une vie parfaitement saine, faisait du sport, se nourrissait intelligemment. Mais sa femme l'avait quitté, emmenant ses deux petites filles qu'il ne voyait plus.

A cet homme solide, la cinquantaine, chauffeur d'un ministre, qui lui aussi souffrait terriblement du dos. Il avait trompé sa femme, n'osait ni continuer à le lui cacher, ni le lui avouer, et il se sentait coupable et malheureux.

A cette femme, juive marocaine, bien en chair, qui avait essayé en vain tous les régimes et, comme par miracle, perdait 2 kilos lorsque sa belle-mère, qui vivait chez elle, s'absentait quelques jours.

A cette fille de trente ans, belle mais trop lourde, affligée d'une colite : elle n'avait jamais vécu la moindre aventure, vivait trop confortablement chez ses parents, voyant le temps passer sans avoir le courage de prendre son indépendance.

A tous les autres qui, après avoir cru qu'ils souffraient seulement dans leur corps, avaient mis à nu leur cœur et leur âme et décidé de réapprendre à vivre. Pour ceux-là, j'étais devenu un « psychothérapeute manuel ».

Qu'on ne se méprenne pas : ma table de soin n'est pas le divan d'un psychanalyste, et je ne pratique pas, entre deux traitements, la psychiatrie sauvage. Je n'ai ni les qualifications ni le souci de prendre en charge les pathologies psychiatriques, pas plus que je n'ai jamais eu l'ambition de soigner une quelconque maladie organique. En revanche, pour avoir consacré ma vie aux troubles fonctionnels, je sais qu'ils sont toujours l'expression d'un malaise général, d'une difficulté à exister, d'une blessure de l'âme, d'une déchirure de l'être.

Il suffit pour s'en convaincre d'écouter. De ne pas se contenter de soigner l'un après l'autre, à la chaîne, les patients comme autant de symptômes : un mal de dos, une colite, une migraine ; un autre mal de dos. Une journée banale dans mon cabinet montre assez bien que prendre à la lettre les cas notés sur le carnet de rendez-vous conduit inévitablement à passer à côté de l'essentiel.

9 heures. Laure, dix-sept ans, élève de 1re S. Elle a très mal au dos, je l'ai déjà soignée deux fois. Elle ne s'entend pas avec ses parents, sa mère ne la comprend pas, son père, qu'elle adore, lui fait peur, travaille trop et s'occupe peu d'elle. Son petit copain l'a laissée tomber : à dix-huit ans, il n'avait pas le courage d'assumer ses angoisses ; il l'a trompée, elle aussi. Elle a envie de mourir.

10 heures. Chantal, quarante et un ans. Il y a deux ans, elle est venue, envoyée par son gynécologue. Malgré des traitements répétés, elle ne pouvait pas avoir d'enfant et s'en désespérait. A l'époque, je lui avais conseillé de se détendre et d'essayer d'oublier ce problème qui l'obsédait. Le résultat ne s'était pas fait attendre longtemps : elle avait eu son bébé. Je ne l'avais pas revue depuis.

Aujourd'hui, elle est complètement bloquée : torticolis, épaules et haut du dos tétanisés, douleurs insupportables à chaque mouvement. Dès que je pose les mains sur elle, elle éclate en sanglots. Elle m'explique que son père vient de se suicider, à soixante-quatorze ans, après avoir appris qu'il souffrait d'une maladie incurable.

11 heures. François, fonctionnaire. Depuis deux ans, son généraliste ne parvient pas à résoudre ses multiples

problèmes : lumbagos à répétition, digestion difficile, lourdeurs, douleurs à la vésicule. Depuis neuf ans, huit heures par jour, jamais une de plus, jamais une de moins, il travaille dans un bureau minuscule au fond d'un couloir sombre en rêvant qu'un jour il fera autre chose.

13 heures. Marie-Claude, une femme superbe de cinquante-trois ans, au bord de la dépression. Elle a extrêmement mal au dos, et pourtant... Son mari, industriel, lui offre une vie confortable; elle dirige avec maestria un institut de beauté, secondée par sa fille de vingt-cinq ans, qui ne va guère mieux : mal dans sa peau, incapable de trouver un fiancé, malheureuse... Le mari, lui, est fort, fidèle, intelligent et riche mais indifférent : le boulot avant tout, pas d'états d'âme, et surtout pas de complications avec les « bonnes femmes », même les siennes.

16 heures. Cathy, quinze ans, championne junior de tennis de très haut niveau. Je l'ai vue il y a peu : elle pleurait tout le temps, ne voulait plus jouer ni reprendre le lycée; elle ne voulait plus rien. Sa mère, affolée, ne savait plus que faire; son entraîneur, lui, tentait de la secouer. Après la première séance, elle a dormi deux jours d'affilée... pour oublier la vie qu'on lui proposait.

Laure, Chantal, François, Marie-Claude, Cathy, avaient mal à l'âme autant qu'au corps. Et, à bien réfléchir, cette dualité entre souffrance physique et souffrance morale semblait commune à la grande majorité de mes patients.

Méthodiquement, j'ai repris, étudié, reconstitué 500 cas. 500 histoires différentes, prises au hasard et dont il me fallait trouver le sens, analyser les raisons d'échec ou de réussite. Et je me suis livré ainsi à un petit calcul statistique :

36 patients étaient des cas lourds, maladies organiques ou psychiatriques dépassant largement le domaine de compétence d'un thérapeute manuel. Je les ai dirigés sur un médecin et, lorsque celui-ci les a pris en charge, j'ai parfois tenté de leur apporter un peu d'aide pour les soulager dans des traitements longs et difficiles. Dans ces cas difficiles, on s'aperçoit que la thérapie manuelle associée aux traitements médicaux, non seulement améliore l'état des patients, mais ajoute à l'efficacité de ces traitements.

92 cas présentaient un problème purement physique. Leurs souffrances étaient dues à un traumatisme, une rééducation mal conduite, de mauvaises positions, la pratique excessive d'un sport, une alimentation anarchique, voire un simple surmenage. En quelques mois, parfois avec l'aide de la médecine traditionnelle (en cas de hernie discale, par exemple), leur problème était résolu et, à moins de revenir à leurs errements passés ou d'avoir un nouvel accident, ces patients n'avaient aucune raison de rechuter.

Les autres – la grande majorité – constituaient la grande famille des accidentés de la vie traduisant en troubles fonctionnels leurs malheurs, petits ou grands, leurs déceptions, frustrations, et leurs difficultés de toutes sortes qu'on pourrait appeler aussi « stress », pour employer un mot à la mode et facile à comprendre.

Par eux – et tant d'autres que j'ai eu à soigner –, j'ai compris que l'espoir même d'une guérison passait d'abord par une prise de conscience lucide et l'exercice d'un minimum de volonté. De même qu'on ne peut traiter un corps que dans sa globalité, on ne peut soigner un être humain sans s'intéresser à sa vie et à sa personnalité.

Aujourd'hui, cela paraît simple. Les grands patrons expliquent, dans leurs livres ou les interviews, que ce qu'on appelle âme, ou élan vital, ou instinct de conservation, est un facteur essentiel de notre comportement face aux agressions du monde extérieur, face aux soucis comme face aux maladies. Or, notre besoin fondamental de vivre et nos réactions sont fonction de ce que nous vivons, subissons et éprouvons chaque jour tout au long de notre existence.

Inutile pour autant de tomber dans des schémas simplistes. Il y a des chiens qui se laissent mourir quand leur maître meurt ou les abandonne, mais nous ne sommes pas des bêtes. A chaque instant nous avons le pouvoir d'analyser, de comprendre, de lutter, de changer le cours de notre « destin ».

Je suis plus pragmatique que théoricien, plus instinctif qu'intellectuel. C'est peut-être pourquoi il m'a fallu m'obliger à cette introspection, pour me prouver ce que je pressentais sans me l'avouer consciemment : ceux qui guérissent sont ceux qui ont trouvé non seulement l'équilibre du corps mais aussi la paix de l'esprit. Il faut se sentir bien pour avoir la force de bien se porter. Lorsque l'âme vacille, que le poids des angoisses quotidiennes, le manque d'amour, les difficultés de la vie, sont trop lourds, on se sent trop mal pour accepter la moindre contrainte alimentaire, faire des exercices physiques ou tout simplement réfléchir. On ne s'aime plus assez pour se supporter.

C'est cette blessure qu'il faut apprendre à soigner ensemble pour rendre à celui qui souffre sa totale intégrité. Ce n'est pas une question de diplôme : les études médicales, aujourd'hui, ne préparent pas à appréhender les malaises sociaux, à écouter, comprendre, orienter sans diriger. Il ne faut, pour réussir, que du bon sens, du temps, de la patience, beaucoup d'objectivité et un peu de fermeté. Peu de thérapeutes, peu de médecins le font parce qu'il leur manque l'essentiel : les moyens et le temps. Beaucoup sauraient le faire s'ils n'étaient pas soumis aux pressions, aux rendez-vous éclairs, à la Sécurité sociale, aux spécialisations qui interdisent de sortir de son petit carré préservé, de son champ clos. S'ils avaient, eux aussi, la chance de tenir, sous leurs mains, comme moi, leurs patients débarrassés du personnage qu'ils jouent et qui les étouffe en même temps que de leurs vêtements.

Se sentir bien, c'est trouver l'équilibre du corps, de l'esprit et de l'âme, prise au sens civil et non religieux, c'est-à-dire l'expression la plus intime de la personnalité.

Nul ne peut s'épanouir physiquement s'il est moralement stressé, malheureux, malade. On croit que, si on veut, on peut. En réalité, il faut pouvoir pour vouloir. Quand on va mal, quand les soucis et les stress nous pertubent, on ne se préserve plus. On oublie que, pour vivre normalement, il faut tout simplement respirer bien et manger correctement, respecter les besoins innés de repos et les rythmes du corps humain. On commet, par négligence ou par fatigue, des erreurs fondamentales qui sont des insultes au bon sens et à l'instinct de conservation, comme si on bâtissait une maison sur des marais ou une cathédrale sur des sables mouvants.

Pourquoi certains tombent-ils malades, et d'autres non ? Pourquoi les uns s'abandonnent-ils aux virus, aux microbes auxquels les autres résistent ? Pourquoi certains meurent-ils d'un mal dont d'autres guérissent ?

Parce qu'il y a autre chose qu'un corps, un symptôme, un diagnostic, et, pour seule antidote, une thérapeutique, aussi éprouvée soit-elle.

Parce qu'on sait, aujourd'hui, que des éléments impalpables, des facteurs personnels qu'aucun scanner ne saurait mesurer – comme la forme, le moral, l'envie de lutter et de vivre, les sentiments – jouent un rôle essentiel, non seulement dans l'évolution de la maladie mais aussi dans son apparition.

On parle de psychosomatique. On admet que l'esprit influe sur le corps, et parfois le commande. Que la santé naît d'une mystérieuse alchimie entre l'un et l'autre et qu'il est vain de prétendre guérir sans soigner à la fois l'un et l'autre. Est-ce vraiment une découverte ?

1.

LES HOMMES MALADES DE LA SOCIÉTÉ

La société sans foi
La société sans guide
La société brutale
Le défi permanent
La famille éclatée
La société sans frein
Couples en détresse

Nous sommes, bien plus qu'on ne pourrait le croire, influencés par ce qui nous entoure, le monde dans lequel nous vivons, les événements extérieurs. Obnubilés par notre vie quotidienne, le nez au ras de nos soucis, nous croyons que notre humeur – et nos humeurs – ne dépend que de nos amours, nos joies, nos peines ou nos satisfactions sociales. Erreur. La société à laquelle nous appartenons nous sert inconsciemment de liquide amniotique et, si nous ne nous y sentons pas à l'aise, si elle est contraignante, démoralisante, peu sécurisante, nous vivons moralement et physiquement sur la défensive.

Que se passe-t-il aujourd'hui dans une France prospère et pépère, sans guerre, sans drame, mais avec ses chômeurs, ses nouveaux pauvres et ses incertitudes idéologiques ?

Sans y penser vraiment, on a peur du lendemain. A force de n'avoir rien à défendre, on s'attache à son confort, on est obsédé par son niveau de vie, on crache sur les impôts et sur la politique, on conteste tout car tout nous semble contestable. Ailleurs ? Il y aurait peut-être des choses à faire, des batailles à mener, des idéaux auxquels se raccrocher, mais c'est si loin et si fatiguant... on baisse les bras.

Généralités ? Non. Les quelques exemples qui vont suivre vous montreront pourquoi et comment nous souffrons tous, à des degrés divers, des maux de notre société.

Mes études d'ostéopathie, mes investigations sur la nutrition, ne me donnent sans doute pas, aux yeux de certains, le droit de parler d'autre chose que des corps. Et encore... N'étant pas médecin, je resterai toujours suspect de m'aventurer sur des terres que je ne connais pas, des chasses gardées par d'autres. Je n'ai jamais prétendu soigner les maladies organiques, qui relèvent du seul corps médical. Mais je crois avoir, au cours de plus de vingt-huit ans de pratique, compris certaines choses sur les hommes et les femmes, leurs troubles, leurs souffrances et les raisons de celles-ci. L'expérience ne remplace pas la science, mais elle l'épaule, la complète, et l'oriente parfois.

Ce que l'on apprend à l'écoute de ses patients a autant de valeur que ce que l'on découvre dans les livres : cela, je le crois profondément. De mes patients, j'ai appris que, pour vivre en bonne santé, il faut aimer la vie et s'aimer soi-même.

Les Français ne vont pas très bien. Notre orgueil national s'en remettra : on pourrait certainement en dire autant des Américains, des Scandinaves ou des citoyens de n'importe quel pays occidental civilisé et riche en cette fin du XXe siècle. Ballotés dans une société sans projet, soumis à des pressions sociales, professionnelles, économiques, privés du soutien de familles souvent éclatées, aux prises avec la difficulté constante de trouver leur place dans un environnement sans pitié qui leur impose des défis hors de leur portée, les hommes et les femmes d'aujourd'hui se battent pour avancer vers un avenir incertain et pas forcément gratifiant.

Nous avons gagné le confort matériel et perdu le sens des valeurs, conquis le droit au savoir et à l'école et appris la peur du chômage. Nous nous sommes libérés de l'emprise des croyances et de la religion mais nous allons dans des sectes chercher de tristes maîtres à penser. Nous avons rejeté les tabous sociaux, les règles et même les convenances. Pourtant les relations n'ont jamais été si difficiles et si conflictuelles entre hommes et femmes, parents et enfants, patrons et employés.

Apprentis sorciers d'un nouveau mode de vie, nous avons perdu les règles d'un jeu avant d'apprendre le suivant. Parce que la société évolue plus vite que les mentalités, nous nous retrouvons souvent seuls, perdus, mal armés pour affronter nos conditions de vie et une compétition sociale de plus en plus vive. Surmenés physiquement, épuisés moralement, nous sommes la proie de mille maux derrière lesquels se cache un incroyable et, semble-t-il, inavouable désarroi.

Pourtant, l'espoir d'une vie meilleure passe d'abord par la prise de conscience de ce qui nous perturbe. Le stress, la peur des autres et celle du lendemain sont le lot de la majorité d'entre nous. Chaque jour m'en apporte la preuve, et, de ces confidences qui se ressemblent, on peut tirer le portrait robot d'une société qui n'aime pas ses enfants et a renoncé à les éduquer.

LA SOCIÉTÉ SANS FOI

De Saint Louis à l'Inquisition, l'édit de Nantes, la Révolution... l'œcuménisme, l'intégrisme... la religion a connu bien des avatars et la foi bien des vicissitudes. Quels que soient leur nom et le dieu qu'elles honoraient, les religions ont longtemps guidé l'homme vers un Absolu, dans la contrainte, souvent sous la pression, mais avec force et constance à travers les âges.

Après le Moyen Age, on a peu à peu cessé de brûler les sorcières. Après la Révolution, certains ont rejeté les dieux qu'ils avaient si longtemps adorés, mais on croyait en la Liberté, en la Patrie, en l'Humanité, et c'était encore croire. Car il ne s'agit pas là de religion, mais de foi.

Aujourd'hui, les hommes ne croient plus en rien, surtout pas en eux-mêmes. On est religieux mollement en Occident, fanatiquement ailleurs, où des prêtres envoient des enfants au front au nom d'un Dieu devenu, pour l'occasion, seigneur de la guerre.

L'homme ? Pftt !... Les idées ? Lesquelles ! L'amour de son prochain ? Ridicule ! De la patrie ? Réac ! Du travail bien fait ? Ringard ! Aucune valeur ne trouve grâce à nos yeux blasés et sceptiques.

Certains, pourtant, mènent des combats. Contre la souffrance, pour la science, contre la drogue, pour la justice, pour les droits civiques, contre les tyrans... Ceux-là portent en eux un projet qui les dépasse, poursuivent un but, croient que quelque chose peut devenir meilleur. Ils y trouvent toujours des joies et un réconfort, le sentiment qu'ils servent à quelque chose, une aide.

Les autres – la plupart – ont perdu leur âme, cette part

d'eux-mêmes capable de participer, d'avancer sans toujours savoir où ils vont, d'avoir des certitudes mais pas de preuve, capable, somme toute, d'idéalisme. L'absence de foi crée la solitude. Sans cause, l'homme se perd. Au point, s'il est faible, de se laisser séduire par de faux prophètes, de chercher dans des paradis artificiels celui qu'il a perdu, de s'enflammer pour des causes qui n'en valent pas la peine. Dans les sectes, des millions d'adeptes abandonnent tout jugement pour s'en remettre aux mains de gourous sans scrupules. La drogue et l'alcool détruisent de par le monde plus de vies que les accidents. La délinquance, le crime, les déviances de toutes sortes ne cessent d'augmenter. L'espoir est mort.

Lorsqu'on vit plutôt bien dans un pays sans crise, on ne ressent pas, de façon urgente, ce manque, ce vide. On dit que, franchement, même en réfléchissant, on ne voit pas très bien pour qui ou pour quoi on irait se battre et encore moins mourir. On « cocoone », soigneusement replié sur son petit confort, ses petites idées, ses petits malaises. On aimerait bien mais on ne sait pas, ou on a la flemme. Mais l'absence de malheur ne fait pas le bonheur.

« On se demande bien où on va... » « D'ailleurs, tout le monde se fout de tout... » « Il y a des jours où je me demande à quoi ça sert... à quoi je sers... » Ceux qui viennent me voir expriment à leur manière ce nihilisme ambiant qui les laisse orphelins, sans barrière donc sans garde-fou.

S'il n'y a plus de bien ni de mal, de règles ni d'interdits, plus de Dieu ni de juge, la conscience perd le nord. Ame, dit *le Petit Robert*, au sens religieux : principe spirituel de l'homme, conçu comme séparable du corps, immortel et jugé par Dieu. En oubliant Dieu, l'homme a perdu l'immortalité, donc l'espoir de se racheter, le rêve du pardon. Il n'est pas sûr qu'il sache toujours l'assumer.

Ils sont arrivés ensemble, paisibles, cheveux gris, avec, derrière eux, quarante années de vie commune. Ils avaient travaillé, élevé leurs enfants, vécu plutôt mal que bien, plutôt heureux que malheureux. Ils avaient lu un de mes livres et pensaient qu'avec un peu d'aide et quelques efforts ils vieilliraient mieux. C'était aussi la première fois qu'ils s'occupaient d'eux-mêmes. Il était temps. Nous avons souvent parlé de la vie, difficile, des enfants, si occupés, si peu présents, des petits-enfants, qu'ils voyaient rarement, des amis, mais combien leur en restait-il ?

C'est longtemps après, par un coup de téléphone, qu'ils m'ont appris qu'ils étaient partis vivre dans le Sud-Ouest, dans une communauté à laquelle ils avaient donné tout ce qu'ils possédaient. Pas une secte, simplement un rassemblement de familles vivant en autarcie du travail commun. Ils réalisaient là un vieux rêve construit sur le don de soi, la générosité, l'espoir d'un univers de fraternité. D'un univers chrétien ? Sans doute, mais seuls ceux-là, dont les motivations étaient sans doute sujettes à caution, leur avaient tenu ce langage, qu'ils avaient tant besoin d'entendre.

A la une des journaux, il y a quelque années : « Un des jeunes loups d'un groupe de presse quitte une situation plus qu'enviable pour aller vivre avec sa femme et ses enfants dans une communauté religieuse. » L'histoire étonna, à l'époque, certains sourirent. Aujourd'hui, beaucoup avouent : « Je le comprends. » Et des cadres, des P.-D.G., des hommes d'affaires de plus en plus nombreux s'interrogent sur le sens de la vie, la finalité de la course effrénée qui les conduit toujours plus haut, certes, mais après ? Ce sont les mêmes qui, angoisse surajoutée au surmenage, craquent peu à peu, deviennent irritables, insomniaques, puis rhumatisants, parfois dépressifs, exprimant dans leurs difficultés physiques leur détresse spirituelle.

LA SOCIÉTÉ SANS GUIDE

Ils sont commerçants, hommes d'affaires ou employés des Postes, mais ils ont au moins une chose en commun : ils méprisent les hommes qui les gouvernent. Et, si l'on en croit les sondages, ils sont une majorité. Et plutôt malheureux.

L'histoire nous a largement appris à nous méfier des leaders charismatiques et tonitruants traînant derrière eux des foules abruties de slogans. L'adoration n'est pas un signe de maturité politique. La critique et la méfiance systématiques ne sont pas pour autant valorisantes pour la population, et l'idée que, « de toutes façons, c'est tous les mêmes », qu'« il n'y en a pas un pour racheter l'autre », n'a pas de quoi électriser le corps électoral.

L'homme est ainsi fait qu'il a besoin de guides, de modèles auxquels s'identifier, et d'hommes politiques intègres en qui avoir confiance.

Vous me trouvez naïf ? Pas tant que ça. Si nos gouvernants n'ont pas l'amour de leur peuple, si l'on peut penser que leur avenir personnel est plus important à leurs yeux que la défense de leurs concitoyens, et s'il est permis d'imaginer que, parfois, ils ne sont pas insensibles aux pressions, les simples citoyens auront à l'évidence peu tendance à se montrer civiques.

Je ne pense pas que nos hommes politiques, de droite ou de gauche, soient des escrocs. Ils font même souvent preuve d'un grand sens de l'État. Mais je sais, pour l'entendre souvent, qu'ils inspirent peu de respect et d'amour. Comment respecter un homme politique s'il passe son temps à vilipender ceux qui ne pensent pas comme lui ? Comment être honnête quand on pressent que, dans les ors de la République, les ministres magouillent ? Que nous ayons tort ou raison, le résultat est là. La France moyenne « traficote » joyeusement puisque l'exemple vient d'en haut.

Joyeusement ? En apparence seulement : elle n'en est pas plus fière pour cela. Elle préférerait, c'est sûr, un paysage clair, plus d'histoires de cœur et moins d'histoires d'argent.

Dans les sondages, elle vote pour l'abbé Pierre plutôt que pour le député du coin, et se sent vaguement mal à l'aise.

Il arrive qu'on rencontre un professeur, un patron, un chercheur en qui on aimerait se reconnaître, et qui nous montre un chemin, nous pousse plus loin, plus haut. Ils sont trop rares, malheureusement, pour créer cet élan sans lequel on piétine dans la médiocrité quotidienne, la liberté de se taire, l'inégalité, l'absence de fraternité.

Je ne crois pas être réactionnaire et je sais les dangers qui guettent ceux qui ont besoin de suivre aveuglément un leader, dans quelque domaine que ce soit. Mon propos est bien différent : l'homme ordinaire a besoin d'hommes qui ne le sont pas pour rêver qu'il peut se dépasser et, parfois, y parvenir. Sans Einstein, nous aurions eu peut-être moins de jeunes physiciens; sans Bettelheim, combien auraient consacré leur vie aux enfants autistes? Sans Mère Téresa, qui se soucierait des indigents indiens? Sans le Dr Schweitzer... Pour devenir quelqu'un, encore faut-il savoir qui l'on veut être, se donner un modèle à qui ressembler. Si les parents sont des exemples que l'on rejette, si les leaders sociaux sont contestables et contestés, si les chefs religieux prêchent l'anathème et la guerre, on se retrouve seul et il faut bien de la force d'âme pour trouver sa voie.

Mes patients se plaignent avec légèreté, ironisent, puis avouent qu'un peu plus de justice, d'idéalisme, de respect de l'homme, les aideraient à mieux vivre leur vie quotidienne.

Ame, dit encore *le Petit Robert*, ensemble des états de conscience communs aux membres d'un groupe. Qu'avons-nous encore de commun sinon, peut-être, le besoin aigu de défendre – ou parfois de conquérir – une aisance et des biens strictement matériels?

LA SOCIÉTÉ BRUTALE

Il faut dire que les soubresauts du monde que nous balancent de plein fouet journaux, radios et télévisions sont de nature à ébranler l'homme le plus serein.

Quiconque écoute au réveil les informations, même d'une oreille distraite, commence sa journée abasourdi de violences et de drames.

Il ne servirait à rien d'épiloguer ici sur la brutalité du monde qui nous entoure. Pourtant, qui peut rester globalement insensible aux horreurs qui, quotidiennement, nous démontrent que l'homme est capable de tout, surtout du pire ? La tentation est grande alors d'oublier ; pour supporter, mieux vaut ne pas y penser. Difficile, quand autour de soi ça ne va pas si bien que ça non plus.

Marseille : un homme politique est assassiné en pleine rue par des tueurs à gages. C'est peut-être bien un autre notable qui a ordonné ce crime.

La route : une jeune fille meurt atrocement brûlée dans un accident dont l'auteur, un jeune homme, avait 2 grammes d'alcool par litre de sang. Il dit que ce n'était pas vraiment de sa faute.

Belgique : une bande de hooligans envahit un stade où des familles étaient venues, un samedi soir, pour voir un match de football. Bagarres, folie, morts horribles sans raison.

Paris : un cambriolage toutes les minutes.

Lyon : on a peur de la pollution.

Vol. Une femme se fait prendre dans un grand magasin avec des marchandises qu'elle n'a pas payées : quelques boîtes de conserve, deux paires de chaussettes, des bricoles. Opprobre, menaces, police, quelques jours de prison et, à la maison, trois enfants qu'elle élève seule depuis que son mari l'a plantée là, sans argent, sans travail... Des hommes d'affaires bourrent leurs comptes en Suisse d'argent gagné à coups de délits d'initiés, d'évasion fiscale, de combines en tous genres. On voit leur photo, parfois, dans les journaux. A la rubrique mondaine.

Drame. Des artisans, des patrons se suicident après un contrôle fiscal.

Faut-il continuer ? Chocs, traumatismes, insécurité ; le malaise social crée un stress permanent dont, insidieusement, les effets pervers se font sentir sur chacun de nous.

A chaque peur, chaque choc, l'organisme doit mettre en jeu des mécanismes de défense, secréter les hormones qui lui permettront de s'adapter, d'encaisser. Si le stress est trop grand, ou les coups trop souvent répétés, il n'a plus le temps de récupérer, il use son énergie. Et on est mal, vaguement, sans savoir pourquoi. Déjà, on n'a plus la même force pour subir les à-coups de sa propre vie. On est plus fragile dans le combat quotidien qui doit nous permettre de trouver notre place dans un environnement lui aussi plus dur.

LE DÉFI PERMANENT

De leur enfance à la fin de leur vie, l'homme ou la femme sont aujourd'hui confrontés à une compétition effrénée génératrice de stress, de fatigue, d'inadaptation, de malaises immédiatement traduits en troubles divers plus ou moins importants, susceptibles de dégénérer en maladies : ulcère, cancer, infarctus, dépression. A l'école, où ils sont souvent plus de trente par classe, les enfants sont menacés de redoublement, puis d'une orientation vécue comme un verdict dont les conséquences peuvent être dégradantes. Les examens sont devenus des concours; les facultés débordent, offrant aux étudiants des conditions de travail déplorables; la course au travail est une loterie. A la quarantaine, on est, paraît-il, trop vieux pour répondre à une petite annonce; à moins de soixante ans, encore vert, on risque la retraite anticipée. Plus tard, on a honte de vieillir... Ainsi traverse-t-on les âges de la vie avec le sentiment profond que chaque étape est un combat dont on a peu de chances de sortir vainqueur.

A vingt-trois ans, il avait les biceps et le teint d'un prisonnier au long cours, une timidité maladive, quelques difficultés d'élocution et une sorte d'inappétence à vivre, difficilement compréhensible chez un garçon de son âge. Il avait peu d'amis mais beaucoup de diplômes et attaquait la vie active dans un état de fatigue morale et physique intense. Il était fier d'avoir trouvé un job intéressant dans un énorme groupe industriel qui lui offrait une sécurité et des possibilités de carrière.

Un peu tard, sa mère s'inquiétait de le trouver si pâle, si peu enclin aux aventures féminines, si prudent en somme. Elle avait couvé depuis sa naissance ce fils unique, porteur de tous ses espoirs. Replié sous son aile, il avait été un enfant « parfait », doué pour les études, peu attiré par le sport, doux, obéissant, facile. Primaire, secondaire, prépa, grande école, il avait enchaîné le parcours sans faute du « gosse qui a tout pour réussir ».

Difficile d'envoyer à la piscine ou sur un stade un gaillard de 1,80 mètres, maigre, raide, incapable de monter quatre étages sans souffler comme un bœuf, et, de surcroît, muet comme une carpe ! Sa mère, le trouvait « fatigué » ; il l'était. Et même épuisé par son parcours passé et, peut-être, celui qui l'attendait. Il guérit pourtant facilement, retrouvant en quelques mois l'énergie qu'on avait étouffée en lui.

Je vois souvent des jeunes amenés par leurs parents. Anorexiques, boulimiques, stressés, fatigués, survoltés, agressifs, lymphatiques ; peu importe : ils sont en tout cas mal dans leur peau et, généralement, effrayés d'avoir à affronter des études trop longues, des concours trop difficiles, la recherche éperdue d'un travail qu'on leur dit introuvable ou, s'ils le trouvent, la difficulté de se faire une place et de s'imposer.

Angoissés par leur avenir, leurs parents oublient qu'ils ont aussi besoin d'autre chose et finissent par ne leur parler que de leurs études.

Certains explosent, hurlent, fuguent, refusent d'entrer dans le système, et ne font plus rien.

D'autres, pour être à la hauteur de ce qu'on attend d'eux, se replient sur eux-mêmes, s'enfouissent dans leurs livres, « galèrent » pour être les premiers au jeu sévère de la sélection. La plupart arrivent à l'âge qu'on dit adulte avec un corps trop vieux et une mentalité d'enfant, déresponsabilisés et surtout mal armés pour affronter la vie. Mûrs pour se réfugier, au moindre problème, derrière un bobo, réel ou supposé.

Inutile de chercher longtemps quelle vertèbre, quel organe, est chez eux déficient au point de créer les troubles spectaculaires qu'ils développent, les uns après les autres. Mieux vaut parler, les aider à se trouver un but à leur mesure, leur redonner confiance, leur apprendre que, quelle que soit la course, l'important est de courir à son rythme pour être à l'arrivée.

Charlotte a dix-huit ans et ronronne en 1re B dans une boîte à bac. Il a fallu six mois de négociations, des rendez-vous pris et annulés, pour que sa mère – que je connais depuis longtemps – réussisse à l'amener jusqu'à mon cabinet en échange de je ne sais quel blouson. Ce qu'elle a ? Tout, selon sa mère qui se désespère : incapable de s'endormir le soir, elle se réveille péniblement à une heure de l'après-midi et, les jours d'école, multiplie les retards. Dans la maison, elle ne parle à personne – sauf au téléphone où elle passe des heures. Elle fume comme un pompier, rentre à des heures impossibles, pleure parce qu'elle a mal au ventre en permanence mais refuse d'aller voir un médecin et, ostensiblement, ne s'intéresse à rien.

Que faire pour Charlotte, sinon dénouer cette boule de nerfs qui vit dents serrées, cœur noué, esprit tendu, malheureuse comme les pierres d'un conflit qu'elle entretient pourtant, comme à plaisir. Adolescente type, exemple parfait de sa génération, Charlotte a la fragilité des enfants, la maturité d'une gamine de dix ans, et déploie une énergie infernale à vivre « comme une adulte », ce qui, pour elle, signifie à la fois : sans aucune contrainte et sans aucune responsabilité.

Au début, elle ne dit rien et je choisis de ne pas lui parler. Elle ne répondrait que pour prolonger avec moi la guerre qu'elle mène contre ses parents en particulier, et les adultes en général. Je ne lui donne même pas de conseils, je masse son corps et surtout sa tête. Peu à peu, elle se détendra. Elle « déteste » le sport ? Mais elle aime la danse. Elle « hait » l'école ? Mais elle veut réussir. Elle ne peut pas s'« arrêter de fumer » ? Mais son teint brouillé, ses yeux cernés la dérangent. Elle en a « marre de ses parents » ? Mais elle sait qu'elle ne peut pas vivre sans eux. Elle a « quand même le droit de manger ce qu'elle veut » ? Mais elle déprime parce qu'elle a de la cellulite sur les genoux.

Il m'a fallu du temps, beaucoup de temps, pour que Charlotte comprenne qu'elle ne dépendait réellement de personne pour l'essentiel, c'est-à-dire son avenir. Qu'elle fabriquait elle-même la femme qu'elle allait devenir et que, bientôt, très vite, il serait trop tard.

Trop proches, trop impliqués, les parents traumatisés ne savent plus comment résoudre ces conflits adolescents dont l'ampleur les dépasse. Un mot de trop et c'est le drame : les hurlements, les fugues, parfois la drogue. S'ils baissent les bras, la vie devient impossible et le conflit touche le couple, puis les autres enfants, la famille subit. En ce cas, mieux vaut chercher de l'aide à l'extérieur. Il me semble même que c'est indispensable. Les psychologues vous y aideront : ils connaissent cette révolution adolescente, ils savent trouver les mots, renouer le dialogue. La thérapie manuelle aussi, en rendant à ces jeunes qui se cherchent l'aisance et la fierté de leur corps, et les moyens de se construire plutôt que de se détruire bêtement puisque inconsciemment.

Ces adolescents, lancés trop tôt sur un chemin trop difficile, font des adultes perturbés, incapables de gérer à la fois leur vie professionnelle et leur vie privée, leurs ambitions et leurs amours, leurs rêves et la réalité. Ils ont le sentiment que leur vie – ou une partie de leur vie – leur échappe, que des drames leur fondent dessus sans raison, alors qu'ils n'ont tout simplement pas vu, pas prévu, pas compris ce qui leur arrivait. Ils sont restés des enfants, le nez dans le présent, subissant plus ou moins bien des événements sur lesquels ils n'auraient aucune prise.

Nicole est avocate et divorcée; elle est une gloire du barreau. Son fils se drogue : il ne se rappelle pas avoir passé une journée entière avec elle. Paul, quarante-cinq ans, est ingénieur. Il réapprend à vivre autrement après l'infarctus qui l'a fauché, il y a quelques mois, au beau milieu d'une course impossible – boulot, sorties, voyages, whisky. Hélène, vingt-trois ans, est infirmière. Le jour, elle travaille dur dans un service de réanimation ; la nuit, quand elle n'est pas rappelée pour une urgence, elle danse dans les boîtes pour oublier que son petit ami l'a quittée pour une autre. Sylvain, représentant multicartes, toujours sur les routes, mangeant seul, dormant seul dans des hôtels sans âme, se « défonce » pour faire vivre, comme des princes, sa femme capricieuse et ses enfants qu'il ne voit jamais.

Rongés par l'angoisse de réusssir, la peur de faiblir ou de vieillir, ils se tuent à la tâche, jamais satisfaits, toujours au seuil de la rupture, pierres qui roulent jusqu'à l'accident violent qui les laissera sur le carreau.

Dominique était, à trente-neuf ans, fatiguée, démoralisée, handicapée par des maux de dos et de ventre continuels, prête à baisser les bras. Entrée à vingt-cinq ans dans une société de maroquinerie alors en création, elle y était toujours. Elle avait démarré dans la toute petite équipe de départ comme secrétaire-assistante du patron de la société. Elle avait vécu les débuts difficiles, puis le succès, et participé à son développement, créant seule un département exportation tout à fait rentable. Dans cette entreprise en pleine expansion qu'elle avait contribué à créer, son salaire augmentait régulièrement mais peu, et elle se sentait frustrée de n'être qu'une salariée comme les autres.

De séance en séance, Dominique n'allait pas vraiment mieux. Mes soins la soulageaient deux ou trois jours puis ses douleurs revenaient, aussi fortes. Il m'a fallu la convaincre de prendre des risques, de tenter le tout pour le tout pour ne pas sombrer dans une amertume qui la rendrait malade et dont rien ne pourrait la sortir. Elle a affronté son patron. Exprimé son désir d'être associée au capital de cette entreprise à laquelle elle avait consacré sa vie. Les négociations furent longues et difficiles, mais elle a gagné. Quelques semaines plus tard, toutes ses douleurs avaient disparu.

La vie de madame Hervé avait basculé le jour où son mari l'avait abandonnée, à quarante-cinq ans, sans argent et sans grand espoir puisqu'elle n'avait jamais travaillé.

Courageusement, elle faisait, depuis, le ménage dans un grand hôtel : trente chambres à nettoyer chaque jour en huit heures, de 7 heures du matin à 15 heures.

A cinquante-sept ans, une violente douleur de l'épaule et du bras la handicapait, lui rendant quasiment insupportables le maniement de l'aspirateur et le nettoyage des baignoires. A l'examen, je lui trouvai une périarthrite de l'épaule droite, la nuque et le haut du dos extrêmement douloureux, les muscles de l'avant-bras tétanisés, le ventre spasmé et gonflé. Tout son corps était meurtri et douloureux. Elle paraissait plus que son âge, fatiguée physiquement, moralement dépressive. Elle était arrivée à ce point où l'on vit sans passion, où l'on travaille comme un automate, où l'on use toutes ses forces et son énergie pour tenir chaque jour jusqu'au lendemain.

Si elle avait eu le courage d'appeler au secours un thérapeute, ce n'était pas pour qu'il la soulage, mais pour qu'il lui donne la force de continuer jusqu'à l'âge de la retraite. Terrorisée par la maladie, qui pour elle signifiait une vieillesse miséreuse, elle ne voulait qu'une chose : continuer. Je savais que dans quelques années, à ce train-là, la retraite serait pour elle un écroulement, physique et moral. Qu'elle marchait vers la maladie et une mort prématurée contre laquelle elle ne se défendrait pas. J'ai dû lutter contre elle pour qu'elle accepte de venir encore, une fois que ses douleurs eurent suffisamment perdu d'intensité pour qu'elle puisse à nouveau supporter son travail. Il m'a fallu la convaincre pied à pied de s'occuper d'elle-même, de se donner les moyens de se construire une fin de vie sereine, exempte de maladies et de souffrances. La guérison commence lorsqu'on accepte, enfin, de comprendre qu'aller mieux n'a pas le même sens que vivre bien, et que nous sommes souvent responsables de ce qui nous arrive.

Ce défi infernal, cette obligation d'être toujours en forme, compétitif, vaillant, jeune et si possible beau, s'exacerbe parfois au sein des couples quand l'un des deux se sent non seulement en difficulté professionnelle ou affective mais dévalorisé par rapport à l'autre.

Jean, quarante-quatre ans, et Séverine, trente-six ans, sont un de ces couples parisiens auxquels tout semble réussir. Jean a un poste de haut niveau dans un groupe chimique; elle, elle est une attachée de presse plutôt en vogue. Enfants charmants, amis en vue, vie familiale équilibrée, soirées mondaines, le temps passe agréablement.

Il y a un an, on demande à Jean de prendre un poste à l'étranger. Hésitations, négociations. Séverine ne veut pas quitter Paris. Il refuse. La réponse est ferme : il a un an pour trouver un travail ailleurs. Il cherche un peu, puis beaucoup; l'échéance arrive. Pour la première fois de sa vie, Jean est au chômage. Il avait parfois mal au dos, ses lombalgies augmentent au point qu'il est cloué au lit la moitié du temps. Séverine réussit, joue au golf, sort, voyage; lui déprime, dissèque leur différence d'âge à laquelle il n'avait jamais pensé et a du mal à supporter ses trois enfants. Il a perdu son aura de chef de famille et on ne sait pas ce qui lui est le plus dur à supporter : le stress d'avoir perdu son job, l'amertume de voir sa femme s'épanouir au lieu de jouer les épouses dévouées et consolatrices, ou l'angoisse de n'être plus le père, le chef, celui qui ordonne et qui paie. A moins que ce ne soit la peur de vieillir qui rend malheureux, et parfois fous, tant de nos contemporains.

Il est vrai qu'aujourd'hui la vieillesse est souvent vécue comme une maladie honteuse, une tare qu'il faut cacher au prix de n'importe quel artifice. Comme il y a le printemps, l'été, l'automne et l'hiver, on a longtemps admis, sans en faire un drame, les saisons de la vie : enfance, jeunesse, âge mûr, puis ce dernier versant qui conduisait doucement vers la fin de la vie. Désormais, on refuse de plus n'être ce que l'on a été. On traque les rides et les ventres mous, on s'habille court ou branché, on teint ses cheveux, on fait des liftings ou du collagène; on lutte contre cette monstruosité : la vieillesse.

Qui ? Les femmes, certes, toutes les femmes, pas seulement les danseuses ou les comédiennes, mais les hommes aussi, qui en deviennent plus agaçants qu'émouvants.

Il est riche, haut fonctionnaire, marié à une femme

ravissante qui travaille. Ils ont trois enfants; il a cinquante-neuf ans, elle a cinquante ans. Elle adore son mari et son fils qui vient de se marier. Ils ne se connaissent pas.

Lui, look toujours bronzé (un peu de soleil, beaucoup d'U.V.), tiré à quatre épingles, il fait de la gym trois fois par semaine, du footing deux fois (20 kilomètres en petites foulées) mais il prend sa voiture pour 50 mètres dans Paris. Il consacre une partie de ses vacances à des cures de thalassothérapie, fait des orgies de ces liquides qu'on vend en pharmacie, censés remplacer toute nourriture pendant quelques jours d'abstinence, et se bourre de vitamines pour compenser ses « coups de pompe ». Il est venu me demander un conseil pour un régime qui l'aide à conserver sa ligne.

Elle a fait son premier lifting à trente-huit ans, court les instituts de beauté, pourrait écrire un guide sur les crèmes antirides, a essayé tous les régimes (un jour macro, un jour végétarien), et fait de la gym, de l'aérobic et de la musculation. Elle souhaitait que je lui donne des conseils diététiques.

Ils ont en commun une incroyable angoisse de vieillir, la peur panique de voir leur corps se relâcher, leur silhouette s'empâter, la même capacité à centrer toute leur existence sur l'image d'eux-mêmes que leur renvoie leur miroir, qui est à la fois leur meilleur complice et leur pire ennemi.

Ils sont tous les deux des cas difficiles. Persuadés de connaître par cœur ce corps qu'ils scrutent depuis des années, ils refusent d'admettre que, loin de le protéger, ils l'usent, que leur excès est une fuite en avant et que leur quête désespérée d'une éternelle jeunesse masque un manque d'amour, de bon sens et de maturité. Ils appellent forme leur tension intérieure et leur nervosité et se persuadent que les brimades qu'ils s'imposent sont autant de victoires acquises au prix d'une exceptionnelle volonté.

Il faudra du temps, sans doute beaucoup, pour leur faire comprendre l'essentiel : plus nous avançons en âge, plus notre corps, notre visage, nos yeux, nos comportements reflètent notre intérieur profond, la personnalité que nous avons façonnée au long de notre vie, nos sentiments, notre âme. Il existe aujourd'hui de nombreux moyens de franchir sans outrages les caps difficiles, de se préserver, de vieillir en beauté ; à condition de se connaître assez pour que s'accordent en nous l'esprit et le corps. Car il n'est pas de beauté sans harmonie entre ce qui se voit et ce qui ne se voit pas, notre réalité intérieure et notre apparence extérieure. L'art le plus difficile est peut-être de savoir bien vieillir.

LA FAMILLE ÉCLATÉE

On a beau s'y être habitués, l'explosion de la cellule familiale constitue un stress majeur pour les générations actuelles. Foyers déchirés, pères absents, mères seules, remariages, fratries de vrais et demi-frères et sœurs, la famille est devenue chaotique, insécurisante, mal protégée et donc non protectrice. Dans ce monde de moins en moins clos, c'est toujours sur des thèmes passionnels que se vivent les tempêtes, conflits des couples ou affrontements parents-enfants : amour, argent et sexe, trois thèmes forts joués sur fond de sentiment, de culpabilité et d'émotions violentes.

Car si, dans le discours, on banalise à plaisir les drames

familiaux, la réalité est tout autre. Dans ces combats intimes, il y a peu de vainqueurs et beaucoup de vaincus. On souffre, on se déchire, et les conséquences sont toujours graves, profondes; des plaies qu'il faut tenter de refermer avant d'entreprendre une quelconque thérapie.

Nous avons évoqué, longuement, les troubles engendrés par ces maux de l'âme et de la vie auxquels bien peu d'entre nous échappent. Ceux qui se développent au sein de la famille sont ceux qui laissent le plus de traces, et les plus douloureuses.

J'ai soigné, il y a quelques années, Marie F... Elle avait quarante-huit ans et tenait, avec son mari, une boulangerie en province. Couple sans histoires, vie sans heurts, apparemment. Depuis vingt ans, Marie souffrait du ventre et du dos, alternant lumbagos et crise de colite spasmodique, jamais vraiment mal, mais jamais vraiment bien. Parfois elle se soignait, parfois non, avec le sentiment que personne ne pouvait grand-chose pour elle. Elle parlait souvent de sa fille unique, Christine : vingt ans et déjà à Sciences-Po, douée, sérieuse, gentille, équilibrée et pourtant sujette à de fortes crises de boulimie.

Marie venait à Paris tous les quinze jours et je savais qu'elle tentait de suivre mes conseils à la lettre. Nous parlions, et il me semblait parfois qu'elle ne disait pas tout. Elle allait mieux. Son dos ne la faisait presque plus souffrir, mais elle avait encore des crises de colite et, à la palpation, ses plexus étaient noués et douloureux.

Elle m'a raconté sa vie pendant que je la massais, un après-midi, comme une chose à laquelle on ne devrait pas attacher d'importance. Lorsqu'elle était enceinte de son premier enfant, l'échographie avait donné l'alerte et l'amniocentèse l'avait confirmé : le bébé à naître était anormal. Marie subit un avortement thérapeutique. A sa seconde grossesse, elle avait revécu exactement la même situation. C'est à la troisième que, les examens s'étant avérés parfaitement normaux, elle avait enfin accouché d'une fille : Christine. Depuis vingt ans, elle surprotégeait cette enfant qui resterait unique malgré son profond désir d'avoir une « vraie » famille, comme elle disait, une famille « d'au moins trois enfants ».

Peut-être parce qu'elle avait pu constater que sa mère allait mieux, peut-être parce qu'elle s'inquiétait réellement, sans vouloir l'avouer, de cette boulimie qui la faisait grossir, Christine est arrivée droite comme un I, sûre d'elle, souriante, rassurante : « Je vais très très bien, ne vous faites pas de souci... » Elle racontait son existence comme un scénario bien huilé : les études, brillantes depuis toujours. Les copains formidables mais pas plus ; les mecs, elle y penserait plus tard. Ses parents, adorables du plus loin qu'elle s'en souvienne. C'était trop beau pour une gamine de son âge. Malgré ses 8 kilos de trop, elle était ravissante, brune, cheveux courts, yeux très bleus. Elle a disparu pendant trois mois, puis elle m'a rappelé en larmes : « Je craque. Je voulais que ma mère vous téléphone, elle n'a pas voulu. J'ai peur de rater, peur de ne pas être à la hauteur, que les profs me jugent mal, de ne pas être la première et même de ne pas y arriver. J'ai encore pris 3 kilos, je me trouve moche.. »

Comment lui faire comprendre que, depuis son enfance, jamais elle n'avait affronté une difficulté ? Ses parents, toujours, avaient veillé à ce qu'elle ait tout, confort, amour, argent, cadeaux. Pour qu'elle soit heureuse, ils disaient toujours oui. Maintenant, elle devait affronter seule son entrée dans la vie, ses relations avec les autres, la compétition d'une grande école. Incapable d'assumer un combat, elle qui n'en avait jamais mené, elle se réfugiait dans la boulimie. Christine était très intelligente. Il ne lui manquait qu'une explication pour savoir tirer les conséquences et accepter le traitement approprié. Elle l'a fait.

C'est une chose courante que de voir aujourd'hui des jeunes gens libres, intelligents, avec un mode de vie et des discours d'adulte, et pourtant aussi désarmés que des enfants devant la vie, leur avenir, les décisions à prendre. Tous ont eu des parents à la fois protecteurs et laxistes. Toujours là pour résoudre, aplanir, veiller, payer. Incapables de dire non, d'imposer, de guider. Au premier problème, aux premières décisions qui les engagent, au premier pas vers une vie sans béquille, autonome, ils craquent, se réfugient dans la boulimie ou l'anorexie, la déprime ou l'agressivité, la drogue ou la maladie pour fuir leur totale impossibilité à se prendre en charge. Les parents devraient se souvenir plus souvent qu'ils sont à la fois des guides et des modèles, et qu'il est plus utile de savoir dire non et pourquoi, que de baisser les bras par faiblesse.

Et que l'on ne croie pas que seules les familles riches ou aisées connaissent ce genre de problèmes. Dans tous les milieux, les conditions de vie actuelles accroissent le désarroi des enfants. Le travail des femmes ou le chômage des autres, la fatigue, la peur d'être jugé trop rigide, trop vieux-jeu, la difficulté à proposer un idéal quand, depuis bien longtemps, on n'en a plus soi-même, la froideur des villes, la promiscuité des grandes cités, trop de facteurs livrent à eux-mêmes et sans but des adolescents, déjà fragilisés justement par la démission généralisée des adultes qui les entourent. Parents, professeurs, éducateurs ont baissé les bras, la société leur semble aller à vau-l'eau, et ils s'engouffrent dans cette brêche avec le goût amer d'un excès de liberté inutile, prêts à tout, mûrs pour rien. L'irresponsabilité des parents que nous sommes crée la difficulté d'être des enfants d'aujourd'hui.

Jusqu'à ce que sa banque, où il exerçait une fonction tranquille de cadre moyen, le mette à la retraite anticipée à cinquante-six ans, Henri vivait plutôt paisiblement. Sa fille aînée vivait en province. Bien sûr, elle aurait pu donner de ses nouvelles un peu plus souvent, mais elle avait fait un beau mariage et il admettait sans révolte qu'elle ait peu à peu disparu de leur vie. Avec Annie, sa femme depuis plus de trente ans, il s'entendait bien. Elle était de ces femmes qui ne font pas d'histoires et se contentent de leur intérieur pour territoire. Elle reportait un peu trop d'affection à ses yeux sur ses deux chats – il n'aimait pas les chats – mais il n'y avait vraiment pas de quoi en faire un plat!

Quand Henri a cessé de se rendre à la banque, Annie a recueilli un troisième chat, puis un quatrième. Il a tourné un peu en rond dans l'appartement, s'est inquiété, doucement, de ces quatre chats qui faisaient bien des tracas et des saletés. Elle s'est indignée de son égoïsme, alors il a allumé de plus en plus souvent la télévision. Lorsqu'il est arrivé pour sa première consultation, je me suis souvenu qu'il venait autrefois avec sa femme, dans un centre de relaxation dont, longtemps, je me suis occupé. Six ans après, ils ne se parlaient plus, il ne la touchait plus, il avait beaucoup grossi. Elle avait adopté trois nouveaux chats.

Ils ont accepté de venir tous les deux et, peu à peu, ont appris à s'exprimer, à se parler, à revivre ensemble. Après plus de trente ans de mariage.

LA SOCIÉTÉ SANS FREIN

Agressé par son environnement, soumis aux stress de la vie professionnelle et sociale, en butte à des difficultés familiales, il faut bien du courage pour ne pas se laisser aller, dans un monde, où, de surcroît, les valeurs de jadis ont disparu sans que d'autres viennent clairement les remplacer, où la vie que l'on mène – que tout le monde mène – est souvent en contradiction avec ce que l'on pense.

Elle avait gardé de sa province natale un très léger accent et un air comme il faut. Elle est arrivée un matin, avec une raideur de la nuque et des douleurs, comme un torticolis qui ne passerait pas. Un mari « gentil », des enfants, elle ne travaillait pas et disait : « Ma vie est tranquille. » Mais son corps était tendu, ses nerfs fragiles, et son ventre la faisait souffrir en permanence.

Peu à peu, au fil des séances, elle a déroulé devant moi une vie comme les autres. Un mari fidèle mais faible, incapable de prendre une décision. Un fils adolescent fumeur de haschisch, plus soucieux de courir les filles dans les boîtes de nuit que de passer son bac. Une fille de vingt-trois ans qui venait de quitter son mari pour suivre un homme nettement plus âgé qu'elle, sans se préoccuper de ce qu'allait devenir sa fille de deux ans. Elle ne s'en plaignait pas et avouait : « Que faire ? Ils ne croient plus en rien... » Elle croyait encore. Élevée dans une famille catholique pratiquante, elle avait appris qu'il y a d'un côté le bien et de l'autre le mal, ce qu'on peut faire et ce qu'on ne doit faire sous aucun prétexte. Elle avait des principes et un mode d'emploi pour une vie qui ressemblerait peu ou prou à celle de ses parents.

Évidemment, les choses avaient changé, mais l'essentiel ne pouvait être remis en cause par des jeans troués et quelques écarts de langage. Dieu et la famille en avaient vu d'autres. Elle a craqué lorsqu'elle a compris qu'en réalité rien n'était plus pareil. Que, contre les « tout le monde divorce, il n'y a pas de quoi en faire un plat... », « le bac, de toute façon, ça ne sert plus à rien... », « Dieu ? Non mais ! tu plaisantes... », elle n'avait plus de réponse définitive, efficace, sans réplique. Pour être de son monde, elle devait changer de monde, croire mais ne pas tenter de faire partager sa foi, même à ses enfants, vivre selon ses principes en sachant que, si d'autres les partageaient, la plupart s'en moquaient totalement. Nous étions loin de ses douleurs cervicales qui, d'ailleurs, peu à peu, s'estompaient tandis qu'elle cherchait à retrouver sa personnalité, à l'affirmer sans attendre que d'autres l'acceptent pour modèle.

Elle a appris à dire ce qu'elle pensait et à admettre qu'on ne l'écoute pas. A ne plus avoir honte d'être croyante sans juger ceux qui n'avaient plus la foi. Ce fut un chemin long, difficile. Je la vois encore aujourd'hui. Elle est plus libre, plus forte... et plus égoïste. Sa fille vit sa vie, son fils fait ses études, ils la respectent. Elle sait qu'ils ne sont pas totalement responsables : il n'est pas facile d'inventer son avenir dans une société qui ne vous propose aucun idéal.

Adeline est ce qu'on appelle une belle femme. Grande, brune, corps musclé, elle respire la joie de vivre et la sensualité. Mariée à dix-huit ans à un antiquaire, elle ne travaille pas, profite du temps qui passe, reçoit élégamment dans sa belle maison, et s'amuse à sortir « en fille » avec ses deux grands fils de vingt-six et vingt-quatre ans et leur bande de copains. Sûre d'elle, coquette, elle charme sans effort ces jeunes gens fascinés par sa silhouette et sa liberté de ton.

L'imprévisible s'appelle Éric, vingt-trois ans, étudiant, beau gosse, romantique, mort d'amour et entreprenant. Il en rêve, il l'aura. Adeline ne résiste pas plus de quelques semaines à la cour assidue de l'ingénu têtu. Scènes du mari, jalousie des fils, la passion engendre le drame.

Adeline a toujours prôné la liberté de la femme et le libre droit des êtres à disposer d'eux-mêmes, y compris les dérapages, les déviances, et excusé l'anormalité. Elle a toujours vécu bourgeoisement dans un milieu conventionnel, peu tendre pour ceux qui osent sortir du cadre bien défini des conventions sociales.

L'amour, le vrai – à quarante-cinq ans – avec un homme jeune et beau dont l'adoration vous transporte, c'est un avenir flamboyant, même si on sait qu'il ne durera pas. Elle quitte tout : maison, famille, amis, argent. Elle apprend la peur du lendemain, l'angoisse de la rupture et de l'avenir, mais elle vit. D'autres, beaucoup d'autres, ont choisi la passion contre la monotonie, le hasard contre le destin, l'inconnu plutôt que la routine. Souvent, dans ces couples que l'on dit hors normes et qu'au fond d'elle-même la société refuse d'admettre, c'est la femme qui provoque la rupture. Angoissée, elle parle sans cesse de son âge, pousse son jeune amant dans les bras d'une autre à force de scènes, détruit, de drames en crises, un bonheur qu'elle-même, inconsciemment, ne parvient pas à trouver normal.

Car, des idées aux actes, la route est plus longue que le temps d'une génération. Des articles de magazines à la vie quotidienne, il y a un abîme, des déluges de mots qui mettront longtemps à devenir vrais.

On développe aujourd'hui un langage codé et banal sur des comportements dérangeants peut-être mais apparemment admis : l'homosexualité, masculine ou féminine, les drogues douces, une certaine dissolution des mœurs, le Minitel rose, les clubs de vacances et de rencontres, les mariages mixtes, les enfants naturels, etc. Mais qui admet, avec autant d'ouverture d'esprit, que sa propre fille soit lesbienne, que son mari ou sa femme ait des aventures, que son collègue prenne de la cocaïne ou que sa belle-mère entretienne un jeunot, beau certes, mais pauvre comme Job ?

Cette confrontation entre ce que l'on dit et ce que l'on pense, ce que l'on affiche et ce que l'on est, cet ébranlement de l'être, remis en cause dans ses racines les plus profondes, sont autant de sources de stress, de malaises, de conflits personnels et profonds dont l'individu ne peut sortir indemne que s'il fait le bon choix, celui qui remettra en harmonie son esprit et son cœur. L'expérience montre que ce n'est pas si simple.

COUPLES EN DÉTRESSE

Ils sont jeunes, brillants, actifs, amoureux, couple moderne avec deux enfants en bas âge qu'ils ont voulus, même s'ils ont bien du mal à les assumer. C'est lourd, deux petits, quand on s'aime, qu'on travaille, qu'on sort, qu'on a peu de temps, des nuits courtes et une furieuse envie de profiter de la vie et de la jeunesse. Ils se sont disputés de plus en plus, parlé de moins en moins, rejeté les responsabilités à la figure. Depuis quelque temps, ils ne font plus l'amour. Parce qu'ils sont tous les deux intelligents et qu'il veulent sauver cette famille qu'ils ont fondée, ils ont trouvé l'explication de cette mésentente et sont bien décidés à y mettre un terme. Ils viennent ensemble à mon cabinet, et l'un assiste parfois à la séance de soins de l'autre. Ils se parlent. Leur volonté de réussir est, en soi, la meilleure des thérapies.

Il est hypersensible, épuisé par une vie professionnelle intense, très amoureux de sa femme qu'au fond de lui il admire pour son entregent, sa beauté, sa réussite, sa gaieté. Leurs relations sont, depuis le début, empreintes de tendresse et de légèreté et particulièrement réussies sexuellement. Jusqu'à ce soir-là...

Il était surmené après quelques nuits trop courtes, grippé, angoissé par un dossier mal bouclé au bureau, il n'a pas réussi à lui faire l'amour. Banal. Elle aurait pu le rassurer, elle s'est offusquée, a eu des mots blessants. Il s'est renfermé, furieux et coupable. Deux jours plus tard, il s'est retrouvé face au même blocage. Elle est orgueilleuse, il est fier, ils ont boudé, puis reparlé, mais jamais comme avant. Chacun gardait sa blessure et considérait l'autre comme un adversaire. Il se sentait atteint, diminué, jugé, il est devenu moins efficace au bureau. Il était de plus en plus fatigué, devenait insomniaque, complexé, il avait des maux de ventre. Il ne voulait pas la tromper, alors il se masturbait. Lorsqu'il est venu me consulter, il vivait ainsi depuis trois ans, trois ans d'enfer pour une défaillance d'un soir. Il était prêt à tout.

J'ai dû le détendre, le rééduquer, l'obliger à vérifier par lui-même qu'il était toujours un homme comme les autres, lui redonner confiance, et insister pour qu'il demande à sa femme de venir, elle aussi. Elle était belle, un peu guindée, un peu froide, mais elle m'écoutait.

Un soir, il s'est imposé à elle violemment. Elle s'est défendue d'abord, puis a cédé. Depuis, leur couple est reconstitué. Il a retrouvé, en même temps que sa virilité, l'estime de sa femme, une reconnaissance, et même une sorte de soumission dont jamais elle n'avait fait preuve mais que peut-être elle souhaitait, inconsciemment.

Mathieu est bel homme et le sait. Trente-huit ans, chirurgien, de l'argent et des relations, une femme intelligente et décorative qui remplace avantageusement la petite bourgeoise de bonne famille qu'il avait épousée en premières noces ; le ski l'hiver, le bateau en été, que peut-il souhaiter de plus ? D'autres horizons érotiques. A peine remarié, il a pris une maîtresse sans rompre totalement avec la précédente. Et depuis un an, entre sa femme et elle, il hésite, tergiverse, se préservant à droite et mentant à gauche, prenant prétexte de son travail pour voler un week-end qu'il compense aussitôt par un cadeau somptueux à celle qu'il a momentanément délaissée.

Mathieu a une gastrite chronique parce qu'il mange trop vite et une colite parce qu'il trompe sa femme, se sent coupable, ne voit pas assez ses enfants et le regrette, n'est pas celui qu'il voudrait être mais n'a pas le courage de changer, trancher, devenir l'homme d'une seule femme.

Le plus dur a été de lui faire admettre que, justement, il ne changerait pas. Que, comme des millions de ses semblables, il ne serait jamais monogame, ses pulsions sexuelles l'entraîneraient toujours voir si ailleurs l'herbe n'est pas plus verte. A lui de faire la part de l'essentiel et du reste, préserver son foyer – car il y tient – et ne pas promettre trop aux aventures de quelques jours. De ne pas s'enfermer dans un conflit dont il sortirait atteint. De s'accepter tel qu'il est afin de ne pas somatiser une situation dont il lui faut d'abord admettre qu'elle ne reflète pas sa nature.

Il n'est pas un livre, pas un magazine, pas même une réforme de l'enseignement qui n'évoque, sous une forme ou sous une autre, l'évolution des mœurs et la libération sexuelle. Sans parler du cinéma, des feuilletons télévisés et même des publicités qui véhiculent en permanence l'image de couples libérés, et surtout performants. Quand les films érotiques entrent dans tous les foyers à l'heure du tilleul du soir, on déprime si l'on n'est pas un surhomme ou une superwoman. Et plus encore si on s'endort seul dans son lit.

Que l'on parle désormais avec franchise et réalisme des problèmes sexuels, c'est bien. Que l'on s'efforce de secouer avec courage et lucidité le joug des interdits, c'est encore mieux. Mais qu'à coup d'images suggestives, de questionnaires, de sondages et de tests on incite continuellement des individus insuffisamment préparés à faire des comparaisons et à vivre dans l'angoisse de la norme est à la fois lamentable et dangereux.

Je déteste tout autant l'hypocrisie et l'exhibitionnisme. De la première je redoute la bêtise cruelle; du second l'exagération et la dénaturation des problèmes.

Ni le silence ni la logorrhée que suscite également la sexualité ne sont des attitudes « naturelles ». Parce que, dans un cas comme dans l'autre, on considère l'acte et le plaisir physiques comme séparés du reste de la personnalité et de la vie de l'individu.

Rien n'est plus faux et déraisonnable que cet *a priori*. On est en amour ce que l'on est en général, dans la complexité de son éducation, de son environnement socioculturel, de ses difficultés et de ses potentialités corporelles et psychiques.

Mon métier de thérapeute m'a souvent confronté aux confidences, parfois désespérées, de certains de mes malades. Je souffre de leur désarroi et j'aimerais leur faire comprendre que l'harmonie sexuelle repose davantage sur l'amour, la tendresse, la disponibilité affective, l'acceptation de soi-même et de l'autre que sur des dons innés ou des performances.

Si j'en juge par les confidences et les questions de mes malades, la sexualité reste, pour beaucoup, un sujet d'inquiétude : en fait, dans notre société, les gens ont besoin, pour se sentir bien dans leur peau, d'avoir et de donner une image d'eux-mêmes fortement sexuée. Ils en viennent donc à rechercher dans la seule activité sexuelle la preuve tangible de leur féminité ou de leur virilité. Résultat : au premier échec, à la première défaillance, le miroir se brise et ses éclats se mettent à refléter l'hydre horrible de la contre-performance et de l'anormalité.

Il me paraît dérisoire et dangereux de ne considérer la vie sexuelle que de ce double point de vue. Cette hantise de l'exploit et de la norme peut détruire complètement un individu et gâcher ses relations avec sa (ou son) partenaire.

Il faut bien comprendre que l'homme et la femme sont des animaux extraordinaires et que leur activité et leur plaisir sexuels ne dépendent pas seulement des organes génitaux dont la nature les a dotés mais de leur corps tout entier, de leur tête à leur cœur.

Toute perturbation dans votre environnement, tout changement dans vos dispositions d'esprit influent sur votre comportement sexuel. Si vous êtes tendu, fatigué ou préoccupé, vous connaîtrez des périodes de moindre désir physique. Si vos vacances sont réussies, au contraire, vous aurez peut-être envie de faire l'amour trois fois par jour.

Tout cela est parfaitement normal. La vie sexuelle n'est pas linéaire; elle dépend d'une multitude de facteurs, et vous pouvez connaître de très longues périodes de chasteté sans être impuissant ou frigide. Simplement, votre configuration intérieure du moment vous aura prédisposé(e) à rechercher, pour un temps, la solitude.

Ne raisonner qu'en termes de fréquence, c'est nier le rôle fondamental du psychisme. Or il contribue largement à dessiner la courbe de votre activité sexuelle et à vous rendre plus ou moins heureux en amour. Si votre partenaire, par exemple, est expérimenté(e) mais dépourvu(e) de tendresse, votre plaisir sera incomplet dans la mesure où votre cœur et votre esprit ne trouveront dans cette relation ni douceur, ni chaleur, ni échange véritable.

Pour une nuit ou pour la vie, ce qui importe c'est de donner à l'autre le sentiment de partager un moment d'intensité unique.

Recomposé comme un puzzle, le paysage dont nous sommes les personnages n'est ni simple ni semblable au jardin d'Éden dont, paraît-il, nous gardons à jamais le regret quelque part au tréfonds de notre mémoire. Reste qu'il faut bien, comme on dit, « faire avec ». A chaque siècle, l'homme a dû s'habituer, évoluer, s'adapter aux changements de tous ordres qui bouleversaient à la fois les mentalités et ses conditions de vie. Mais l'expérience prouve que, si l'homme est l'animal le plus éminemment adaptable de la création, il a généralement quelques difficultés à suivre les rythmes qu'on lui impose. Nous admettons l'homosexualité à l'heure du sida, comprenons la bourse après le krach, aimons les vacances quand elles sont devenues un piège, etc. Mécontents, les enfants hurlent. Stressés, les adultes sont malades. Nous réagissons à coups de colites, de spasmes, de tensions, de malaises généralement appelés « troubles fonctionnels » et qui expriment, entre autres, notre grande difficulté à être ce que la société attend de nous : des êtres toujours à la hauteur.

2.

TROUBLES FONCTIONNELS : LES SIGNAUX DE L'AME

**Malaises physiques
et maux de l'âme
sont indissolublement liés**

Taki : le travail inhumain
Jacques : c'est dur d'être soi-même
Monique : soigner sa vie pour guérir son corps
Pierre : les forts craquent aussi
Bernard : l'enfance interminable

Pour bien se porter, il faut s'aimer

MALAISES PHYSIQUES ET MAUX DE L'ÂME SONT INDISSOLUBLEMENT LIÉS

D'un côté, il y a les troubles fonctionnels, malaises bénins mais souvent chroniques, ou récidivants, et qui s'associent, l'un en entraînant un autre ou se surajoutant à lui, si bien que ceux qui en sont atteints ont toujours mal, ou peur d'avoir mal quelque part.

On les connaît : maux de dos, de tête, de ventre, gastrite, colite, aérophagie, insomnie, surcharge pondérale, tachycardie, fatigue, constipation, diarrhée. On en souffre comme d'une rage de dents et on redoute leur retour au point qu'on y pense sans arrêt ; on en guette les signes avant-coureurs, on vit en état d'infériorité. S'ils sont abondamment décrits dans les livres médicaux et extrêmement faciles à diagnostiquer, si l'on dépense, pour les soigner, des milliards de francs par an, et si les médecins emploient, pour les guérir, une panoplie de médicaments, on sait aussi que leurs causes sont multiples, parfois insoupçonnables, et qu'en venir à bout est souvent difficile, voire impossible. Et c'est grave : mal soignés, persistants, les troubles qui affectent un organe, un système ou une glande dégénèrent 80 fois sur 100 en maladie organique.

D'un autre côté, il y a les troubles du comportement, les errements de l'humeur, ces malaises qu'on dit psychosomatiques : la fatigue morale, l'angoisse, l'anxiété, l'irritabilité, la nervosité, l'insomnie, la timidité excessive, la déprime, l'anorexie, la boulimie, maux de l'être qui font le mal de vivre, le déséquilibre, tonus et moral à zéro ou, au contraire, survoltés.

En réalité, malaises physiques et maux de l'âme sont indissolublement liés. Ils s'imbriquent, coexistent, s'autoalimentent chez tous les individus dont on dit qu' « ils ne vont pas bien », traduisant ainsi qu'ils ne sont pas en forme, pas en accord avec leur vie ou avec eux-mêmes.

Certains appellent « stress » les maux de la vie, les chocs, les émotions, les traumatismes petits ou grands, les séismes qui nous ébranlent et les microdrames. Depuis que Hans Selye, physiologiste canadien de génie, en a décrit les mécanismes, on sait que tout stress est une agression à laquelle l'organisme apporte une réponse biologique spécifique, généralement hormonale.

Le cerveau décode l'agression et transmet un message de détresse. A l'hypothalamus si le stress est violent, aigu, inattendu, et si la personne est plutôt dominatrice et extravertie. A l'hypophyse quand le stress est chronique et l'individu plutôt timide ou inhibé. Car il n'y a pas de réponse unique au stress mais deux réponses possibles selon que l'on est, en regard des classifications des psychologues, de type A, B, ou C, c'est-à-dire extraverti, équilibré, ou introverti, ou encore hyperémotif, normalement émotif ou hypoémotif, hyperactif, actif ou lymphatique.

Comme un ordinateur, l'hypothalamus décode l'ensemble des informations qu'il reçoit et déclenche immédiatement une réaction de défense du système sympathique, c'est-à-dire une décharge d'adrénaline sécrétée par les glandes médullosurrénales. Autre chef d'orchestre situé à la base du cerveau, l'hypophyse sécrète une hormone appelée l'ACTH qui, transmise par la circulation sanguine, excite les glandes cortico-surrénales, qui elles-mêmes sécrètent alors en excès une autre hormone : la cortisone.

Ainsi chaque personne réagit-elle en fonction de sa nature profonde, mais tous nous puisons dans nos réserves pour nous défendre contre le stress, tirant sur un capital qui n'est pas inépuisable et ne se reconstitue pas lorsqu'il est entamé. Biologiquement, l'organisme, trop souvent ou trop fortement mis à l'épreuve, devient vulnérable. Quand l'anormalité devient la règle, quand l'organisme ne peut, de crise en crise, reprendre son équilibre, on somatise. Le corps craque. Alors naissent les troubles fonctionnels, puis les autres. On a de plus en plus mal, on va de plus en plus mal. Si rien ne change apparaîtront les maladies dont, parfois, on ne peut plus guérir : le cancer pour les doux, les timides; l'infarctus pour les battants, les nerveux.

TAKI : LE TRAVAIL INHUMAIN

Petit, mince, sec comme souvent ceux de sa race, Taki est d'origine laotienne mais il est né en France. Il souffre du dos, des bras, des épaules, de la nuque et, malgré ses vingt-quatre ans, je n'ai guère de doutes sur l'origine de ses douleurs. Charlot des *Temps modernes*, il a travaillé pendant des années à la chaîne dans une usine du Nord de la France, dévissant avec une grosse clef à molette un boulon toutes les secondes, huit heures par jour, à des horaires alternant, de semaine en semaine, de 4 heures du matin à 13 heures, puis de 13 heures à 21 heures, puis de 21 heures à 4 heures du matin, et on recommence avec, pour toute détente, une pause de dix minutes à 10 heures, 17 heures ou 4 heures du matin. Craquage, arrêt, chômage.

Pour assurer la vie de sa femme et de ses deux enfants il avait tenu jusqu'à la limite, la totale tétanisation de tout le haut de son corps, et on l'avait licencié sans ménagement. L'industrie n'a pas les moyens de s'embarrasser d'inutiles.

Il était atteint de névrites intercostales très douloureuses, muscles noués serrés comme des blessures enfouies sous sa peau. J'avais beaucoup de mal à le délivrer, de séance en séance. Il parlait peu. Ce n'est qu'au bout de deux mois, lorsqu'il a commencé à souffrir un peu moins, qu'il a aussi cessé de se défendre et de se refermer sur lui-même.

Taki était un homme courageux mais désespéré. Épuisé, meurtri par des années de travail inhumain et dévalorisant. Il avait tenu à force de volonté et d'orgueil, pour entretenir sa famille, préserver son rôle et sa respectabilité. L'orgueil détruit, le corps malade, il n'avait plus de but, plus de force, pas d'espoir, et sûrement plus assez de courage et de foi pour s'en sortir, chercher un autre travail, croire en sa chance. Le jour où on lui a proposé une situation de chauffeur de taxi, il est arrivé en pleine crise, oppressé par une violente douleur à la poitrine qui l'empêchait presque de respirer. Il avait perdu la moitié des bienfaits du traitement qu'il suivait depuis huit ou neuf semaines, comme si, inconsciemment, son angoisse l'obligeait à trouver une raison physique de se dérober.

Lui faire comprendre cela ne fut pas facile : il était fier, intelligent, esquivait les questions importantes, se réfugiait dans son handicap. Je l'ai supplié de prendre ce job. Je me rappelle l'avoir appelé chez lui, de longs moments. C'était un travail qui lui convenait : solitaire, libre, exigeant de la concentration et de la patience. Il a gagné à nouveau sa vie. En quelques séances, j'ai pu achever le traitement : il n'avait plus aucune trace de ses douleurs passées.

JACQUES : C'EST DUR D'ÊTRE SOI-MÊME

Jacques, envoyé par son médecin traitant, a tous les syndromes du P.-D.G. harrassé. Instable, nerveux, fatigué, insomniaque, il ne supporte plus rien ni personne, vit de coups de gueule en crises de nerf, s'en veut, recommence. Ses employés n'en peuvent plus, ses trois enfants l'envoient promener, sa femme n'ose plus ouvrir la bouche.

Quarante-sept ans, distingué, belle allure, assez cassant, il en impose, mais l'atmosphère se tend dès qu'il entre quelque part. Méthodiquement, il m'a détaillé son dossier médical, pièce par pièce, posé des questions préparées à l'avance, attendant des réponses immédiates et précises.

En bon cérébral hypertendu, il se plaint de crampes dans les jambes, signe d'une mauvaise circulation de retour, son dos est raide, il est congestionné, avoue des points d'oppression fréquents dans la poitrine et quelques crises de tachycardie. Les plexus correspondant au muscle cardiaque sont douloureux, et même si l'électrocardiogramme et les tests d'effort sont normaux, il me paraît un candidat potentiel à l'accident cardio-vasculaire.

Mon premier travail – et pas le plus facile – consiste à essayer de le détendre, de l'empêcher de s'abriter derrière ses analyses médicales, toutes négatives, de lui apprendre à respirer, de l'aider à retrouver le sommeil.

Au début, il a du mal à accepter de s'abandonner aux massages, à la quasi-nudité que je lui impose pour se soigner, au silence qu'il comble un temps par des banalités avant d'évoquer son enfance. Père autoritaire, mère sèche, il a été élevé sans tendresse mais avec des principes : la messe le dimanche, la réussite à l'école, les concours, les diplômes. A vingt ans, avant qu'il n'ait eu le temps de jeter sa gourme, on lui a présenté une fille bien sous tous rapports, qu'il a épousée sans amour, ni d'ailleurs déplaisir particulier. Il vit avec elle comme vivaient ses parents, conventionnellement, sans chaleur. Il élève ses enfants comme on l'a élevé, rigoureusement, incapable de comprendre les conflits violents qui les opposent à lui ni leur manière de vivre.

Il sait bien que, quelque part, il a tort, qu'il devrait faire un effort, s'y prendre autrement, mais comment ?

Il reporte au bureau son mal de vivre et son agressivité. Bon entrepreneur, il est respecté, mais détesté. Il est cassant, autoritaire (comme son père), crie pour un oui, pour un non, s'en veut, ne change pas, et souffre réellement de ne pas être aimé. Il se sent coupable, honteux; le dimanche il va encore à la messe mais il a l'impression d'être un mauvais chrétien.

Jacques fait partie de ceux pour qui un traitement manuel, des mains chaudes, une certaine douceur sont les traitements les plus bénéfiques. En lui parlant, je le trouve difficile mais pas odieux. Seul en face de moi, il admet ses défauts, il est vrai qu'il a le sens du péché. Footing, marche à pied, relaxation, respiration, plus de café ni de thé, Jacques renonce à ses excitants habituels et se force à trouver d'autres moyens de canaliser son énergie, ses angoisses et sa culpabilité. Petit à petit, lentement, il tente d'apprivoiser ceux qui l'entourent, au bureau et à la maison. Difficilement – ils ont du mal à y croire –, mais avec l'obstination qui le caractérise. Quand il revient chaque mois, en séance d'entretien, je le trouve presque détendu, muscles dénoués, ventre souple. Il a retrouvé une vie de couple avec sa femme, il ne désespère pas de reconquérir ses enfants.

MONIQUE : SOIGNER SA VIE POUR GUÉRIR SON CORPS

Monique était le contraire de Jacques. Souriante, humaine, affable, gentille et expansive. Dans mon cabinet, elle parlait, parlait, comme s'il y avait bien longtemps que personne n'avait pris la peine de l'écouter. Elle déballait cinquante ans de vie sans vrai bonheur, sans autonomie, sans fantaisie. Fille de petits commerçants, elle avait très vite arrêté ses études pour aider ses parents. Elle avait épousé à vingt ans leur commis et continué à trimer au magasin avec lui après leur mort. Son mari était égoïste et autoritaire comme son père, et il y avait bien dix ans qu'il ne lui avait pas offert huit jours de vacances à deux.

Elle était en conflit permanent avec sa fille aînée, le portrait de son père, qui allait à la fac et écrasait de son mépris cette mère qu'elle trouvait peu décorative. Elle s'entendait bien avec la cadette mais, pour un petit copain qui ne lui avait pas plu et parce qu'elle refusait de faire une école de commerce, son père l'avait flanquée dehors. Elle la voyait parfois, en cachette, lui donnait de l'argent, pas trop car elle n'en avait guère elle-même, et se faisait un sang d'encre pour cette enfant qui vivait tant bien que mal, de petit boulot en petit boulot.

Vésicule douloureuse, intestins spasmés et gonflés, elle avait de plus très mal à la nuque, et les radios montraient une importante arthrose cervicale. Des crises de rhumatisme, des plaques d'eczéma qui reviennent on ne sait trop pourquoi, des rhumes tout l'hiver, elle déclinait la panoplie de troubles fonctionnels et de maladies de ceux qui ont le sentiment d'avoir raté leur vie.

J'ai traité d'abord son ventre et sa nuque : il faut que le corps s'apaise, qu'il ait moins mal, pour trouver le courage de parler, de montrer ses plaies. Monique pleurait beaucoup en évoquant ses filles, son mari qui ne l'avait pas touchée depuis des années, leurs discussions qui tournaient toujours à la dispute. Son arthrose cervicale ? La conséquence de sa tension nerveuse. Sa vésicule congestionnée, inerte, qui ne fonctionnait presque plus ? Son aigreur de femme ignorée et trompée. Ses problèmes ? Son drame de se sentir inutile, de ne pouvoir s'en aller puisqu'à cinquante ans, malgré ses recherches, elle n'arrivait pas à trouver un travail. Ses maux de tête ? La peur qui, depuis toujours, la poussait à obéir, céder, s'oublier, s'effacer. Toute petite, déjà, elle voulait un vélo, mais sa grand-mère avait interdit qu'on lui en achète un de peur qu'elle ne tombe et ne se fasse mal.

Les maux de tête de Monique et sa colite s'estompaient peu à peu, et je cherchais justement à la pousser vers un sport d'endurance, une activité physique qui aiderait son corps à retrouver sans violence une mobilité, une aisance depuis longtemps perdues. Elle a hésité, persuadée qu'« à son âge » il était trop tard, elle n'y arriverait pas. Elle a fini par trouver un club de randonnées à vélo où elle s'est inscrite.

Les débuts furent difficiles. Son mari et sa fille ricanaient et, au fond d'elle-même, elle avait un peu honte. Elle n'était pas vieille pourtant, mais elle s'était habituée à cette idée que rien ne pourrait plus lui arriver, qu'elle n'avait plus d'autre avenir que d'être sans fin le souffre-douleur consentant de ceux qui l'entouraient.

Pendant les randonnées du week-end, elle découvrait, non seulement un plaisir à l'effort qu'elle ne connaissait pas, mais la libération de parler et rire avec un groupe de gens qui, ne sachant rien d'elle, l'appréciait sans arrière-pensée. Elle s'épanouissait et le traitement avançait désormais à pas de géant. Une femme du club, avec laquelle elle avait noué des relations amicales, lui proposa une place de vendeuse dans une boutique de décoration. Pour la première fois, Monique tint tête à son mari, décida pour elle-même, et s'aperçut qu'elle était prête, enfin, à assumer ses choix. Un mois plus tard, elle sut me dire qu'elle n'avait plus besoin de moi ni de personne. Elle avait raison.

Monique aurait pu refuser de tenter sa chance, de quitter sa prison. Heureusement, il lui restait suffisamment d'énergie, d'élan vital, pour saisir le fil qu'on lui tendait, et tout s'est joué là. Sans ce sursaut, il est probable qu'à court ou moyen terme elle serait tombée gravement malade. Son corps aurait lâché – cancer ? rhumatisme généralisé ? – là où il était le plus faible. Ce n'est pas sa vieillesse qu'elle a sauvé, c'est sa vie.

PIERRE : LES FORTS CRAQUENT AUSSI

Un homme fort, de ceux auxquels, pense-t-on, rien ne peut arriver. Quarante-deux ans, sportif, médecin, heureux en famille, à l'aise financièrement. Puis l'accident. Pierre tombe de vélo, sa tête heurte violemment le sol. Épaule et clavicule fracturées, il attend plusieurs heures qu'on lui porte secours sur ce chemin caillouteux, en pleine campagne. Radios, examens neurologiques, cet actif se retrouve cloué au lit pour quatre mois.

Travailleur indépendant, il s'angoisse, se bat avec des assureurs toujours prompts à discuter les indemnisations pourtant stipulées sur ses contrats, adresse ses clients à des collègues sans savoir s'il les reverra, supporte mal le bruit des enfants dans la maison, s'enfonce dans une dépression réactionnelle. Il a des douleurs lancinantes dans l'épaule et le haut du dos, des maux de tête violents et continuels, craint de ne plus retrouver la même mobilité. C'est cette angoisse qui le pousse à venir me consulter.

L'assurance continue à le persécuter, met en doute sa bonne foi, envoie en permanence des inspecteurs qui débarquent chez lui sans prévenir, et refuse toujours de payer. Il fait des drames pour tout, ou alors reste prostré des journées entières, dans un demi-sommeil. Quand il s'en rend compte, il s'en veut. Il accepte finalement, sur mes conseils, d'aller voir un psychiatre qui, pendant des semaines, complétera par des soins médicaux appropriés mon traitement manuel, auquel il s'intéresse en vrai professionnel.

Mes patients sont souvent fatigués, même s'ils n'en n'ont pas souvent clairement conscience. Ils ont besoin de détente, de calme, d'une approche douce et sans effort de toute activité physique. Mais Pierre est un fou de sport. Depuis sa prime jeunesse, il s'entraîne plusieurs heures par jour. En jogging, en tennis, en squash, en vélo, il a atteint le niveau de la compétition. Pari risqué sur un organisme démantibulé par l'accident et un esprit démoralisé, je le remets au sport. Je joue à fond son sens du défi, son besoin de s'exprimer avec son corps, ce goût de la compétition avec lui-même, l'orientant seulement vers des sports d'endurance plus que de résistance. Il reprend d'abord la marche et la natation, se fixe des objectifs, sort de chez lui, retrouve son élément. Il enchaîne avec le footing et le vélo, accepte de ne pas se forcer, du moins il le dit. Il se retrouve en retrouvant ses forces. Un jour, il m'a appelé. Il abandonnait en même temps mes soins et ceux du psychiatre. Je sais qu'il s'est battu : trois mois plus tard, forme retrouvée, il avait repris son métier, le sport, la vie. Il est revenu. « Parlons sérieusement maintenant, m'a-t-il dit. Comparons nos méthodes. Soignez-moi... » Nous sommes devenus amis.

BERNARD : L'ENFANCE INTERMINABLE

1,90 mètre, 88 kilos, Bernard semblait une force de la nature. Sain, beau garçon, il respirait la santé des hommes de plein air : fils de fermier, fermier lui-même, il n'avait guère quitté sa Normandie. Vers quatorze-quinze ans, ses parents ne le trouvaient pas très courageux. Mais, dernier d'une famille de quatre enfants, on lui pardonnait. A vingt ans, il était le seul à rester à la ferme. Ses sœurs s'étaient mariées, son frère aîné était parti travailler à la ville, son père comptait sur lui pour lui succéder. Lui se traînait du matin au soir. Il s'entendait bien avec ses parents, il aidait un peu mais n'avait en réalité de goût à rien, aucun sens des responsabilités et, visiblement, aucune envie de se mettre au travail. La ferme ? Il ne disait pas non, mais pas oui. Ses parents l'emmenaient voir des médecins. On lui prescrivit des fortifiants.

Il avait trente-deux ans lorsque je l'ai connu, doux géant amené par son père et sa mère. Il avait le ventre dur et ballonné, le dos raide mais pas douloureux, il me semblait surtout déprimé, vide, sans envie et sans but. J'ai revu ses parents.

Ils savaient qu'ils avaient toujours couvé ce petit dernier auquel ils passaient tout et qui se retrouvait adulte, désarmé, incapable de prendre une responsabilité ou même une décision, inapte tout simplement à s'affirmer et à exister. Je leur ai demandé d'être vigilants, de lui fixer, pour commencer, un emploi du temps très précis qu'il suivait à la lettre, pointant même d'une croix, sur une feuille de cahier, le travail qu'il avait terminé avant d'en commencer un autre. A ce moment-là, je lui avais prescrit cinq minutes de respiration systématique et quelques mouvements d'élongation : il s'agissait d'abord de le détendre tout en le responsabilisant, de lui fixer des objectifs à sa mesure, de casser cette dérive qui l'éloignait, peu à peu, de tout. Il avait accepté de supprimer son café au lait du matin, son grand bol de chocolat de 10 heures, ses tartines de miel et de confiture.

L'été, il est allé à vélo deux fois par semaine à la piscine municipale. J'eus plus de mal à faire comprendre à sa mère qu'elle devait se montrer plus ferme, voire autoritaire. Qu'il lui fallait, en somme, faire en accéléré cette éducation qu'elle n'avait jamais menée à bien, amener ce fils à vivre et se comporter en adulte. Elle devait admettre qu'il n'était pas malade, sinon de trop d'enfance, et qu'à force d'amour elle l'avait dépossédé de sa propre vie. Il n'existait que par procuration, à travers ce cocon familial qui n'avait jamais rien exigé de lui et l'avait abrité de tout souci.

Les traitements manuels étaient l'appoint magique capable de lui restituer la chaleur, la douceur dont on ne pouvait le frustrer brutalement.

Bernard est venu, ponctuellement, une fois par mois pendant sept mois. Pour la première fois depuis qu'il voyait des médecins, il se confiait, s'exprimait. Ses parents apprenaient à le solliciter sans critiquer systématiquement ce qu'il avait fait. Il prenait goût au travail de la ferme depuis que ses avis étaient écoutés, son travail lui paraissait avoir un sens, il commençait même à prendre en charge l'avenir de cette exploitation. Il s'est mis à assister aux réunions du syndicat d'agriculteurs, à parler aux fournisseurs, à lire des journaux professionnels. C'était il y a six ans. Bernard est devenu conseiller municipal dans son village, il s'est marié. Ses parents ont pris leur retraite; ils sont fiers de lui.

POUR BIEN SE PORTER, IL FAUT S'AIMER

Ces histoires ressemblent à beaucoup d'autres. Toutes nous montrent que les troubles fonctionnels naissent, presque toujours, secondairement à d'autres plus profonds, psychologiques, émotionnels. Et qu'il est vain de vouloir soigner les uns sans s'intéresser aux autres, retrouver leur origine, aider son patient à les exprimer, puis à les assumer.

Entre la maladie mentale caractérisée, domaine des psychiatres et des psychanalystes, et la maladie organique déclarée, qui nécessite l'intervention de la médecine traditionnelle, les troubles fonctionnels sont le lot quotidien des : « Il n'y a rien de grave, mais c'est pas terrible. », ou « Ça ne va pas vraiment mal, mais ça pourrait aller mieux. »

J'ai longtemps cru que ces choses simples que sont une bonne alimentation, une vie plus saine, la volonté d'entretenir son corps, permettaient d'assurer le retour à l'équilibre, la reconquête des énergies vitales, le bien-être à long terme. Certains y arrivaient. Beaucoup avaient des difficultés ou, quelques années plus tard, rechutaient. Il m'a fallu analyser ces échecs, ou ces demi-réussites, pour comprendre qu'un être stressé, à la volonté entamée, ne peut suivre un programme, même léger, de remise en forme. Pour que le corps soit à l'aise, pour qu'un homme ou une femme ait envie de se prendre en main et de bien se porter, il faut qu'il s'aime et s'accepte tel qu'il est, avec sa vie, son passé, ses problèmes, ses relations aux autres. Il faut qu'il ait la tête et le cœur assez libres pour s'intéresser à lui-même, ne pas s'obnubiler sur les stress quotidiens, envisager l'avenir sans trop d'angoisse.

Pour les guérir, il faut suivre la logique des êtres, partir de ce qui est enfoui au plus profond d'eux, pour les amener, doucement, à s'exprimer, à être eux-mêmes et s'assumer. Alors seulement, ils sont prêts à faire le peu de chemin qui reste pour conduire à la guérison.

Dans cette quête, cette naissance à une autre vie moins douloureuse, ils peuvent être aidés, accompagnés. Le silence et la solitude sont probablement les pires des maux de notre époque. La méconnaissance de ces difficultés de l'âme qui génèrent des perturbations physiques insupportables, même si elles ne sont pas très graves, l'impossibilité pour la médecine de s'occuper de ces millions de « gens à problèmes » alors qu'elle est débordée par les cas pathologiques lourds et difficiles, font que nos contemporains mal dans leur peau sont de plus en plus nombreux.

J'ai la chance d'exercer un métier magique, où le contact s'établit toujours en douceur, par des mains qui se posent sur un corps qui ne sait pas mentir et dans lequel elles lisent les souffrances, le passé, les heurts et les drames de la vie. La chance aussi d'avoir soigné des milliers de patients de tous âges et toutes catégories sociales.

Pour eux, et pour ceux que je ne connais pas, j'ai écrit ce qu'ils m'ont appris pendant des années : pas un guide, ni un régime, mais une méthode faite de conseils pratiques, d'exercices et d'idées qui soulagent et guérissent ; les expériences des uns pour qu'elles servent aux autres.

J'ai surtout voulu exprimer une certitude : s'il est normal et utile de se faire aider quand ça va mal, le thérapeute n'est qu'un catalyseur, il ne peut rien sans son patient, sa confiance, sa volonté et son espoir d'aller mieux. Il n'est que l'accoucheur, le révélateur des énergies de ses patients, celui qui montre une voie. L'essentiel – les désirs, la volonté, l'intelligence – est en eux.

3.

PRINCIPES D'HARMONIE : LE TRAITEMENT DE BASE

1re étape : fortifiez votre esprit

Connais-toi toi-même
Le jeu de la balance
Le jeu des cercles

2e étape : armez votre corps pour la vie

Respirez
Relaxez-vous
Assimilez-éliminez : l'alimentation

Les histoires des chapitres précédents sont banales, courantes, parfaitement symptomatiques des problèmes de nos sociétés occidentales et riches, qui ont plus d'argent que de cœur. Un homme, une femme, aux prises avec la vie normale : de grandes épreuves et de moyens soucis, quelques crises majeures et des énervements par milliers, des décisions importantes : « Celui-là, je lui riverai son clou... Demain, je me mets au régime... Les enfants, je les prends en main... Promis, juré, j'arrête de fumer... » et des petites lâchetés au jour le jour : « Trop fatigué, on verra demain... De toute façon, je n'y peux rien... » Consciemment (rarement), inconsciemment (souvent), notre image de nous-même s'abîme en même temps que notre énergie s'amenuise. On baisse plus souvent les bras, on perd plus de combats qu'on n'en gagne, on s'en veut, on aimerait appeler à l'aide, mais qui ? On somatise.

La thérapie manuelle est, je l'ai dit, un formidable moyen de créer un contact différent, et c'est par elle, grâce à elle toujours, que se dénoue la parole de mes patients. Ils pourraient – certains le font – parler à d'autres, un conjoint, un ami, un frère. Mais c'est compter sans toute cette solitude, cette incompréhension qui enserrent et isolent de plus en plus de gens de tous âges et de tous milieux. On s'interdit de s'exprimer, on gomme ses émotions, on avale ses larmes; les cris, les explosions de rire sont bannis par un code tacite de faux savoir-vivre à la britannique : look serein, humeur égale, pas un mot plus haut que l'autre, self-control, et surtout pas de vagues. Spontanéité ? Connais pas. On réprime, on renferme, on inhibe et on ronge son frein pour mieux affiner son image de jamais pris au dépourvu, jamais dépassé par les événements ou ses propres sentiments.

Dans un cabinet médical, l'autre est inconnu, neutre, objectif, et on peut se confier et repartir sans en pâtir, ni vu ni connu, pas vu pas pris. On sent ses mains, on voit à peine son visage, on ne rencontre pas son regard, on parle comme si l'on était seul. Ainsi apparaissent les fêlures de l'âme, plus importantes que les luxations du corps, les manques, les espoirs inassouvis, les angoisses insurmontées. Écouter. Comme on sent les corps, il faut écouter les cœurs fredonner leurs blues mélodies presque sans y prendre garde. Dans le cabinet d'un thérapeute manuel, on n'est pas là « pour ça » comme chez un psychologue, pas examiné comme chez un médecin, on peut se livrer par hasard, par inadvertance, sans que cela ait aucune importance, même si c'est là que tout commence.

Car il faut saisir, la phrase, le mot révélateurs, le moment où, comme on trouve une écharde dans un pied douloureux, on devine qu'on a mis le doigt sur le point d'amarrage de conflits souterrains et intimes. Répétons que les cas pathologiques, les névroses, les psychoses relèvent d'autres médecins, d'autres traitements. Nous parlons ici des polytraumatisés de la vie de tous les jours, celle qui use lentement, tue à petit feu.

A un moment, pour un détail ou une montagne, le balancier de notre horloge interne marque une hésitation, cassure de rythme qui se répercute par ondes successives; la boussole s'affole. Quand l'harmonie interne se rompt, le cerveau divague et le corps souffre, on est divisé, le jugement s'égare. On croit qu'on va mal parce qu'on est malade, alors qu'on a mal parce que rien ne va plus. Quand l'équilibre est perturbé, comme une machine laissée sans frein en haut d'une pente la descend de plus en plus vite par le seul effet d'entraînement de sa masse, l'organisme s'engage (un dysfonctionnement en déclenchant immédiatement un autre) sur la voie des troubles psychologiques et fonctionnels, puis de la maladie. Au contraire, lorsque le balancier repart du bon côté, une force l'entraîne vers l'équilibre et la guérison. Il faut donc, d'abord, trouver le moyen d'inverser le mouvement, remonter le balancier, lui faire passer le cap de l'équilibre et l'accompagner ensuite, sans effort, dans sa remontée.

On comprend bien que c'est comme toujours le premier pas qui coûte. Que le plus hasardeux et le plus difficile est le moment où la personnalité tout entière est mise en jeu, esprit en alerte, corps mobilisé, pour retrouver le goût de la vie.

Prenons une autre image : quand on a peur des turbulences, instinctivement, on se met en pilotage automatique. Au jeu interne des mécanismes de défense s'ajoute le manque de plus en plus visible de contrôle de ses sens, ses sentiments, ses réactions, ses comportements. Or, pris dans la tempête, on a rarement vu un avion s'en sortir sans intervention humaine.

Notre ennemi numéro un est alors nous-même, quand nous ne voulons plus voir, plus entendre, plus parler, plus lutter.

Soyons clair : dans les cas qui nous intéressent, se laisser aller est une facilité, se prendre en charge ne représente pas un effort surhumain.

Accepter de souffrir, même peu mais en permanence, relève plus du masochisme et de la lâcheté que du raisonnement. Se supporter malade, « mal foutu », irritable, angoissé, surmené, etc., et s'imposer ainsi à ceux qui nous entourent, est à la fois dangereux et suicidaire ; conduite d'échec qui ne peut mener qu'à la catastrophe. Attitude orgueilleuse aussi, car comment croire que personne au monde ne peut nous comprendre et nous aider, qu'aucune voix de bon sens ne peut s'élever pour nous remettre dans le droit chemin ? Thérapeute ou non, médecin ou non, il faut trouver celui ou celle qui saura, car il ou elle existe.

Objectif : chercher la (ou les) cause(s). Nul ne peut être en paix avec lui-même s'il ne se reconnaît pas pour ce qu'il est et ce qu'il vit.

Pour se construire, ou se reconstruire, il faut, comme pour une maison, étudier le terrain (la personnalité, la situation), faire de solides fondations (tirer les conclusions indispensables et prendre les décisions qui s'imposent), bâtir la maison (s'adapter) et la décorer à son goût (se préserver pour ne pas rechuter).

A chaque étape, on peut s'aider – ou être aidé – se faciliter la tâche, employer tous les moyens possibles pour étayer sa volonté de s'en sortir. A la thérapie manuelle, aux soins du corps s'adjoignent des exercices pour l'esprit afin de mieux réfléchir, de se détendre, de se protéger contre les agressions qui pourraient nous détourner du but qu'on s'est fixé.

Vient ensuite la phase d'adaptation, l'apprentissage de

nouvelles situations, l'installation dans une harmonie retrouvée.

Reste enfin, et ce n'est pas le moins important, à préserver sa guérison, c'est-à-dire à conserver son bien-être et son équilibre.

Ces étapes constituent ce que je préfère appeler un chemin plutôt qu'une méthode, l'acquisition d'un mode d'emploi pour vivre mieux sa propre vie. Je vous propose de le parcourir ensemble. Il n'est ni long ni difficile, et l'amélioration est certaine.

1re ÉTAPE : FORTIFIEZ VOTRE ESPRIT

■ Connais-toi toi-même

Si nous mettions autant d'application à nous comprendre nous-mêmes que nous en mettons à analyser les autres, nul doute que nous nous porterions mieux. Avant tout, il faut apprendre à nous regarder en face, à prendre suffisamment de recul par rapport aux gens et aux événements pour être capable de porter un jugement sinon totalement objectif, ce qui n'aurait pas de sens, du moins un peu plus serein sur notre propre existence.

■ Le jeu de la balance

Dessinez les plateaux d'une balance. Mettez sur l'un tout ce qui vous pèse et notez-le en fonction d'une échelle de pesanteur. Mettez sur l'autre ce qui vous sourit, vous réussit, vous est agréable, et attribuez à chaque élément une note de légèreté. N'oubliez, d'un côté ou de l'autre, ni les facteurs psychiques, ni les facteurs physiques.

Réfléchissez afin de bien identifier les points roses et les points noirs de votre vie, les vrais et les faux problèmes. Ne retenez pas ce qui n'a que peu d'importance, soit que le problème soit pratiquement réglé, soit qu'il compte finalement peu à vos yeux.

En revanche, n'oubliez pas les événements du passé récent – ou plus lointain – qui ont encore de réelles conséquences sur votre existence actuelle.

L'échelle des pesanteurs

Elle doit vous permettre de mesurer ce qui pèse réellement sur votre vie, votre moral, vos comportements.

Il n'existe évidemment pas de liste exhaustive des stress et soucis quotidiens : chacun a les siens, la liste des situations donnée ici est donc indicative, et vous pourrez la réduire ou la compléter à votre guise.

Il n'existe pas non plus de système de cotation générale et universel indiquant pour chaque problème une valeur fixe, en positif ou en négatif, encore moins une valeur moyenne valable *grosso modo* pour tous. Le même événement peut être une joie pour l'un, un drame pour l'autre. Le divorce nuit de façon différente à celui qui part et à celui qui reste. Une promotion n'a pas le même sens pour un battant et pour un rêveur, celui qui s'investit à fond dans son travail et celui pour qui la vie professionnelle n'a qu'une importance relative.

Ce travail de réflexion ne peut être que le vôtre. Faites-le avec honnêteté et lucidité.

Situations à analyser dans l'échelle des pesanteurs comme dans l'échelle des légèretés :

● **Vie familiale**

– Existence ou absence de vie familiale (célibat), relations avec votre conjoint ou votre compagnon, vie affective au sein de la cellule familiale...

– Bonnes ou mauvaises relations avec vos parents, votre famille, vos beaux-parents, place reconnue ou contestée au sein de la constellation familiale, sécurité ou insécurité créée par l'appartenance familiale...

– Présence ou absence d'enfants, relations faciles, inexistantes ou conflictuelles avec vos enfants, votre image de père (de mère) vis-à-vis de vous-même, d'eux...

– Ambiance familiale, unité ou absence d'unité, affection, gaieté, solidarité, mode de vie, cadre de vie, appartement ou maison trop petit ou trop grand, bruyant, agréable...

● **Vie affective**

– Vos amis, soutien, fidélité, appui ou solitude, conflits...

– Sentiments, tendresse, amours ou désert sentimental, frustration...

– Votre entourage, quartier ou village, relations chaleureuses ou anonymes...

– Émotions personnelles, artistiques, sportives, ce qui vous touche ou vous atteint, hobbies, collections, centres d'intérêt...

- **Vie professionnelle ou sociale**

– Stabilité, instabilité du travail ou chômage, intérêt financier (salaire), reconnaissance sociale de la profession...

– Amour, intérêt ou désintérêt pour votre métier, réalisation ou non de vos aspirations profondes, réussite ou stagnation professionnelle, espoir d'évolution...

– Qualité de la vie professionnelle : le lieu, le milieu, les relations avec les autres...

– Vie professionnelle et qualité de la vie personnelle : travail envahissant ou non, responsabilités, déplacements longs, fréquents, fatigants...

- **Vie sexuelle**

– Épanouissement ou frustration sexuelle;

– Envies, pulsions sexuelles ou passivité, manque d'intérêt, impuissance ou frigidité...

– Capacité à vivre et assumer vos fantasmes ou vos inhibitions ;

– En cas de vie sexuelle différente de la norme (homosexualité, par exemple), réalisation ou non de votre sexualité, capacité à l'assumer socialement, ou honte, clandestinité, ou bien encore privation...

● **Ambitions et rêves**

– Succès et échecs personnels, sociaux, professionnels ;

– Rêves et ambitions réalisés ou inhibés, depuis votre jeunesse ;

– Accord ou désaccord avec vos valeurs, vos idéaux, vos opinions...

– Projets, buts pour l'avenir, possibles ou irréalisables.

Exemples de mots pouvant vous aider à établir vos propres échelles de cotation :

● **Échelle des pesanteurs**

0 Neutre, sans importance, pas grave ;
– 1 Désagrément, ennui, agacement, contrariété ;
– 2 Souci, perturbation, dérangement ;
– 3 Problème, difficulté, tristesse, changement ;

– 4 Douleur, souffrance, bouleversement, injustice;
– 5 Malheur, mort, maladie, ruine.

• Échelle des légèretés

0 Neutre, sans importance;
+ 1 Satisfaction, agrément, facilité;
+ 2 Contentement, gaieté, plaisir;
+ 3 Réussite, joie;
+ 4 Équilibre, harmonie;
+ 5 Bonheur, plénitude, triomphe, épanouissement.

Chargez les plateaux de la balance : à gauche les moins, à droite les plus, puis soustrayez les facteurs négatifs et les facteurs positifs. Vous en tirerez une note globale.

Si elle est égale à 0 ou positive, cessez de pleurer sur vous-même. Vous avez des soucis, quelques malaises, qui n'en a pas ? Vous avez l'énergie de vous en sortir et votre sort est enviable.

Si elle est négative, vous êtes dans la zone des dangers. Il faut aller plus loin, apprécier ce ou ces dangers après les avoir identifiés, comprendre leur impact pour pouvoir les combattre.

Théoriquement, vous vous situerez globalement entre les deux extrêmes : moins de 100 et plus de 100, dont on peut admettre qu'ils n'existent pas. La moyenne étant, pour l'échelle des pesanteurs de moins de 50 et pour l'échelle des légèretés de plus de 50, le résultat final étant obtenu par la différence des deux, on peut admettre qu'entre moins de 10 et plus de 10, votre vie est plutôt calme; qu'à moins de 30 et au-dessous, il est temps de prendre des décisions; à plus de 30 et au-dessus, il est urgent pour vous de savourer votre bonheur en priant le Bon Dieu pour que ça dure.

Irène : La solution est souvent en nous

J'ai toujours su, dit, écrit qu'un être humain est un tout qu'on ne peut étudier et soigner que dans sa globalité. A travers les milliers de cas que j'ai eu à traiter, j'ai appris qu'on ne peut guérir un corps sans aider d'abord le patient à retrouver la paix de l'âme. A quoi sert de connaître la solution, de prescrire des mouvements, un régime naturel, quelques règles de vie, si celui ou celle à qui l'on s'adresse n'a ni la force ni la volonté de les appliquer car quelque chose le ronge et le perturbe au fond de lui-même ? Si tout effort lui paraît une montagne parce qu'il, ou elle, est malheureux, épuisé, perdu ?

Et comment aider ces accidentés de la vie, de l'amour, du travail, à se retrouver, à supporter leur vie ou à en changer ? Car tout est là : d'abord, il faut comprendre, soi-même et les autres, s'analyser avec lucidité, identifier ce qui ne va pas, puis chercher en soi-même une solution. Après seulement, on aura à la fois l'envie et l'énergie de faire ce qu'il faut pour guérir définitivement.

Un patient est toujours une histoire particulière, incommunicable et pourtant familière. Car si les hommes sont uniques, ils sont aussi frères et, en la vie de l'un, un autre retrouvera des bribes de la sienne et des correspondances.

Irène avait lu *Manger pour guérir* et souhaitait que je

IRÈNE

AMBITIONS ET RÊVES

• Pas d'ambition, pas de projets	– 2	• Rêve de rencontrer l'amour et de fonder une famille	+ 3

VIE SEXUELLE

• Pas de partenaire	– 4	• Plaisir solitaire	+ 1

VIE PROFESSIONNELLE ET SOCIALE

• Métier non valorisant	– 2	• Relations professionnelles faciles	+ 1
• Pas d'intérêt pour son travail	– 2	• Métier peu fatigant qui lui laisse du temps libre	+ 3
		• Sécurité de l'emploi	+ 2

VIE AFFECTIVE

• Nulle = peu d'amis, pas d'amant	– 4		

VIE FAMILIALE

• Habite seule un petit studio très sombre	– 3	• Amour et complicité avec son père	+ 3
• Fille unique (solitude)	– 2		
• Relations tendues avec sa mère	– 2		
• Célibat très mal supporté	– 4		
Total pesanteur	**– 25**	**Total légèreté**	**+ 13**

BILAN = – 12

l'aide à se stabiliser : elle avait 6 kilos de trop, tendance à maigrir à chaque régime et à regrossir aussitôt. Elle désespérait de sa silhouette en accordéon et de l'inanité de ses efforts. Trente-deux ans, célibataire, grande blonde aux yeux bleus, elle était fonctionnaire des postes dans une ville de la proche banlieue parisienne.

Elle ne voyait pas plus loin que ses problèmes de poids. Je découvris, au fur et à mesure, qu'elle souffrait d'une timidité maladive, se trouvait laide, n'aimait guère son travail, où elle se montrait pourtant fort consciencieuse, et fuyait les hommes au point qu'elle n'avait jamais eu, à trente deux ans, d'aventure sexuelle.

Irène n'avait aucune confiance en elle et avait peur de tout : des autres auxquels elle aurait aimé ressembler, de ses chefs qu'elle craignait de mécontenter, et même de s'habiller tant elle redoutait d'être ridicule. Sous mes mains, son ventre et son dos étaient tendus, spasmés, douloureux, et je savais qu'avant de la guérir, je devais l'aider à chasser ses angoisses, à se revaloriser à ses propres yeux, à se regarder et à se sentir belle, à s'ouvrir aux autres. Il m'a fallu deux mois pour la persuader de s'inscrire à un club de natation où elle irait le soir, après son travail. « Je ne nage pas assez bien... J'aurai l'air d'une idiote... Vous ne m'avez pas vue en maillot de bain... » Elle trouvait mille prétextes pour refuser.

Finalement, elle s'est décidée. Débuts difficiles : elle restait en retrait, incapable de nouer des contacts avec le groupe, me maudissant car elle se sentait nue et regardée, prête à laisser tomber. Mais elle découvrait qu'elle aimait nager, y trouvait un bienfait, et c'est ce qui l'a retenue peut-être, à moins que ce ne soient ses premiers kilos perdus grâce à un régime qu'elle suivait à la lettre, ou encore le sentiment confus que, la trentaine passée, elle jouait une de ses dernières chances de vivre sa jeunesse.

Elle a trouvé sa place au sein du groupe, noué des relations amicales avec des gens jeunes et moins jeunes, sains, sans problème. Elle a même trouvé un homme qui l'a aimée, sans doute parce que, commençant à se trouver belle, elle l'était devenue.

Alors seulement mes traitements ont eu des résultats spectaculaires, elle s'est prise en charge, et j'ai su qu'elle était sauvée.

Carlo : Choisir entre ses rêves et son ambition

Il était né en Italie du Sud dans une famille pauvre qui comptait trop d'enfants pour que le sort d'un seul prenne de l'importance. Il en avait tiré une vraie rage de vivre et de réussir. Lorsque je l'ai connu, il y était parvenu. Carlo avait alors cinquante-cinq ans, une petite entreprise à lui, en plein essor, quelque part en Bourgogne ; dans sa poche, des antidépresseurs et, sur sa table de nuit, des somnifères.

Il était dépressif, insomniaque, malheureux, prêt à laisser tomber sa société, sa famille, le dos au mur, sans comprendre.

Ses maux de dos avaient passé le seuil du tolérable, au point qu'il ne supportait plus de faire 100 mètres à pied. Il souffrait le martyre et, en quelques mois, il avait grossi de 12 kilos qu'il portait comme une croix sans avoir le courage de se mettre au régime.

Pourtant ses analyses étaient plutôt bonnes pour son âge : tension normale, cholestérol de même, pas de signe d'arthrose et une vie provinciale moins stressante en soi que bien d'autres. Il n'était pas de ceux qui se racontent au premier venu et le combat qu'il avait dû mener pour réussir ne l'avait pas enclin à reconnaître ses torts. Depuis quarante ans, il trimait pour conquérir sa place au soleil et, aujourd'hui encore, il ne parlait que chiffre d'affaires, développement, croissance.

Il avait épousé à vingt-cinq ans une fille qu'il avait trouvée jolie au bal, un soir, et invitée deux ou trois fois à dîner. Il lui avait fait en rafale trois enfants qu'il aimait tendrement sans les voir grandir : trop de travail, pas de temps, trop de fatigue et, le week-end, pas le courage de se mêler de leur éducation.

Sa femme, sans mot dire, avait pris en main maison et enfants, ruminant son insatisfaction d'épouse délaissée. Elle s'était aigrie d'abord, puis elle était devenue agressive avec lui, possessive avec les enfants. Depuis deux ans, elle voyait un psychiatre. Carlo était un peu triste, un peu agacé, dépassé.

Les garçons se débrouillaient plutôt bien à l'école et avaient depuis longtemps compris que leur mère était leur seul interlocuteur. Leur fille de quinze ans, la plus jeune, souffrait d'un eczéma allergique dont personne ne semblait pouvoir venir à bout. C'est elle que j'ai vue la première. C'est pour elle que Carlo a accepté de venir à Paris : n'obtenant aucun résultat sur l'enfant, j'avais demandé à le voir.

Il a fallu du temps, plusieurs mois, pour que cet homme actif, ce battant, comprenne peu à peu que son ambition sociale l'avait empêché de réussir ce dont il avait

CARLO

AMBITIONS ET RÊVES

• Moins de goût au travail car il plafonne	– 2	• Désir de consolider sa vie familiale	+ 2
		• Réalisation de son ambition de jeune homme et succès de son entreprise	+ 2

VIE SEXUELLE

• Plus de rapports avec sa femme, frustration	– 4		

VIE PROFESSIONNELLE ET SOCIALE

• Travail trop envahissant et obsédant. Pas d'intérêt pour son travail	– 3	• Bon standing social	+ 2
		• Ambiance de travail agréable avec ses collaborateurs	+ 3
		• Réussite importante de son entreprise	+ 3

VIE AFFECTIVE

• Liens très distendus avec ses amis	– 2	• Amis fidèles même de loin	+ 1
• Plus d'émotions	– 3		

VIE FAMILIALE

• Disputes fréquentes	– 3	• Amour et soutien de ses parents, frères et sœurs	+ 3
• Rapports tendus et incompréhension avec les enfants	– 5	• Cadre de vie agréable	+ 1
• Plus de complicité avec sa femme	– 5	• Amour et tendresse pour sa famille	+ 3
Total pesanteur	**– 27**	**Total légèreté**	**+ 20**

BILAN = – 7

toujours rêvé au fond de lui : une famille chaleureuse, harmonieuse, unie. Une famille où l'on crie, où l'on s'aime, méditerranéenne comme lui. Carlo était honnête, il suffisait de lui montrer une piste, un tout petit début d'explication. Il a mis autant de force, autant d'obstination à vouloir aller bien qu'il en avait usé pour devenir un patron. Et il a gagné. Depuis qu'il a retrouvé son équilibre, depuis qu'il sait enfin qui il est, ce qu'il veut vraiment ; sa femme a quitté son psychiatre, sa fille n'a plus de crises d'eczéma.

■ Le jeu des cercles

Avec le jeu de la balance, vous savez désormais de quel côté vous êtes, si ça va très mal, pas très bien ou bien (gageons que, si tout va très bien, vous n'aurez pas éprouvé le besoin de faire ce test). Reste à comprendre pourquoi, et, pour cela, vous devez réfléchir sur la qualité ou les difficultés de vos relations avec chacun des pôles de votre vie, l'impact de vos comportements sur ces relations et les conséquences de leurs interrelations sur votre manière d'être et de vivre.

Vous devez, en un mot, comprendre que tout n'est pas « de la faute des autres », que nul n'est totalement victime de son propre destin, que notre façon d'être et de réagir influe sur les décisions que nous prenons et qui nous engagent, sur nos relations avec notre entourage, donc généralement sur ce qui nous arrive. Il est sûrement difficile de changer sa nature profonde, mais il est toujours possible de se contrôler, de s'améliorer, lorsqu'on sait qu'on en tirera un bénéfice important et certain.

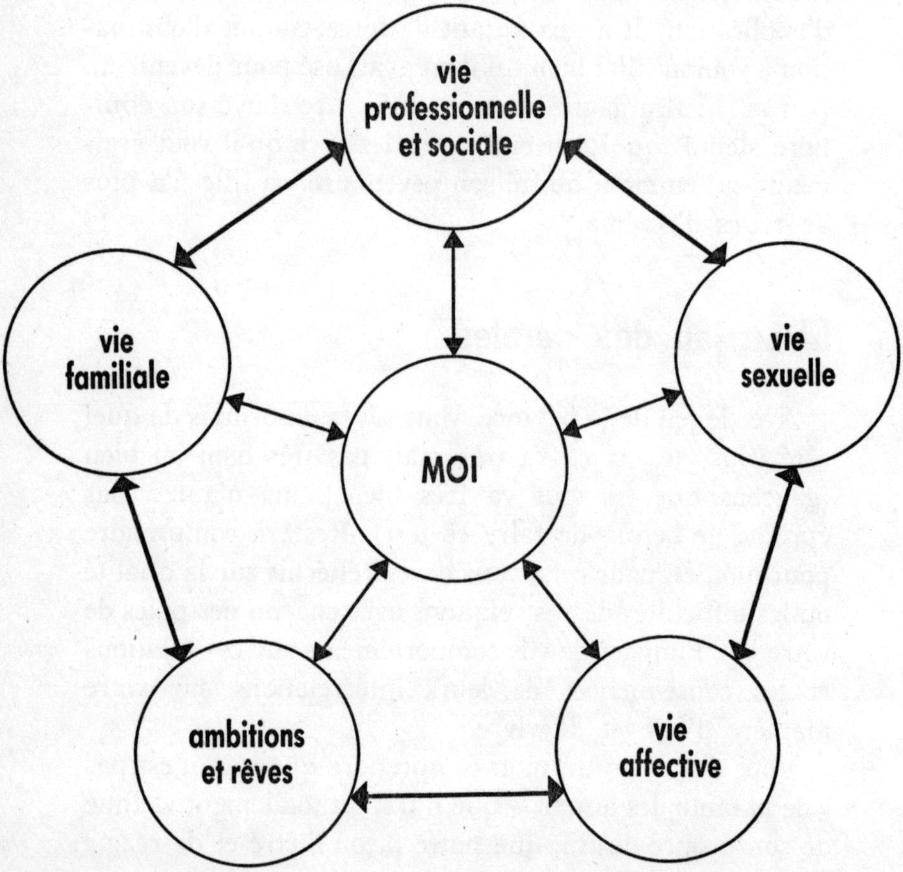
vie professionnelle et sociale
vie familiale
vie sexuelle
MOI
ambitions et rêves
vie affective

Je conseille souvent à mes patients de dessiner des cercles. Le premier les représente, les autres symbolisent leur vie familiale, affective, professionnelle et sociale, leur sexualité, leurs ambitions. Du pire au meilleur, chacun se voit attribuer une note de 0 à 5. Puis je leur demande de réfléchir aux relations existant entre le cercle du moi et chacun des autres cercles, et entre ces cercles eux-mêmes.

Cet exercice qui ne demande qu'un crayon et une feuille de papier ne prend pas très longtemps. S'obliger à tirer des conclusions, à les formuler, à les écrire, amène infailliblement à regarder en face, clairement, tout ce qui va et ce qui ne va pas. A se donner ou à accepter le tout « petit coup de pied à l'âme » qui nous fera admettre notre réalité et les décisions à prendre pour nous dessiner un avenir possible vers lequel nous aurons à la fois l'envie et la possibilité d'aller.

Face à une situation difficile il n'existe que deux solutions : l'acceptation raisonnée – mon patron est insupportable mais mon salaire vaut la peine que je le supporte – ou le changement décidé – supporter ça pour ce salaire minable me rend malade, mieux vaut démissionner. Je sais qu'il y faut du courage. Je sais aussi que la politique de l'autruche conduit toujours au pire. D'un comportement d'autodestruction inconscient, on doit, pour guérir, passer à une attitude d'autodéfense volontaire.

Le jeu des cercles exigera de vous un exercice de lucidité qui vous paraîtra peut-être difficile. Sachez que, sans cet effort, vous resterez le jouet des événements, de vos impulsions, et aussi des faiseurs de miracles et des charlatans. Au contraire, en acceptant de vous regarder en face et de mieux vous connaître vous-même, vous vous donnerez une chance de pouvoir intervenir, rectifier, corriger ce qui ne va pas.

Tracez, au milieu, un cercle qui vous représente et, autour de lui, 5 autres cercles symbolisant :

– Votre vie familiale;
– Votre vie affective;
– Votre vie professionnelle et sociale;
– Votre vie sexuelle;
– Vos ambitions et vos rêves.

Déjà, grâce au jeu de la balance, vous savez dans quels cercles se situent des problèmes ou des conflits tels qu'il pèsent d'un poids réel de difficultés sur votre existence. Reportez-les dans les cinq cercles qui représentent chacun des aspects importants de votre vie.

Le cercle du moi

Vous connaissez mieux la situation, votre environnement, la qualité et les difficultés de votre vie, il faut maintenant regarder en face vos comportements.

On sait très bien que chaque individu réagit, en toute circonstance, avec son tempérament, inné ou acquis, sa nature profonde, génétique, et sa personnalité telle que son passé et ses expériences l'ont forgée. Pour se connaître, il ne suffit pas de savoir qui on est, il faut aussi avoir conscience de ce que l'on fait. Vous devez réfléchir sur le cercle le plus important : le cercle du moi.

Pour cela, vous devez disposer de temps et de calme.

• **De temps** : il est inutile – et impossible – de se livrer à une réelle introspection en un quart d'heure, entre deux rendez-vous ou deux coups de téléphone. Attendez d'avoir une ou deux heures devant vous et réfléchissez. Si, au bout de ce temps, vous n'avez pas fini, peu importe, vous continuerez une autre fois.

• **De calme** : vous devez impérativement être seul pour réussir. Détendez-vous, installez-vous confortablement dans un endroit où vous vous sentez bien, mettez-vous à l'aise. Évacuez de votre esprit ce qui l'encombre, les soucis, le stress : ce voyage à l'intérieur de vous-même et de votre passé requiert toute votre attention.

Exercice 1 : Qui suis-je ?

Cet exercice doit vous aider à prendre conscience de votre moi, de votre personnalité profonde. Il vous aidera à savoir qui vous êtes et comment vous réagissez, c'est-à-dire comment vous apparaissez aux autres lorsque vous vous comportez naturellement.

● **Psychiquement, êtes-vous :**

- Ouvert ou renfermé ?
- Détendu ou angoissé ?
- Stable ou instable ?
- Sûr de vous ou complexé ?
- Courageux ou lâche ?
- Autoritaire ou bienveillant ?
- Généreux ou égocentrique ?
- Croyant ou non, pratiquant ou non ?
- Dominateur ou dominé ?
- Intellectuel ou manuel ?

– Éclectique, libre d'esprit ou entêté, obsessionnel ou phobique ?

– Sûr de vous ou influençable ?
– Menteur ou honnête ?
– Un homme (ou une femme) de devoir, ou pas ?
– D'honneur, ou pas ?
– De parole, ou pas ? etc.

● **Êtes-vous de tempérament :**

– Nerveux, hyperactif ou lymphatique ?
– Timide, intraverti ou extraverti ?
– Égoïste ou altruiste ?
– Gai ou triste ?
– Optimiste ou pessimiste ?
– Très émotif ou peu émotif ?
– Sentimental ou froid ?
– Calme ou toujours pressé, débordé ?
– Agressif ou doux ?
– D'humeur égale ou cyclothymique ?
– Paresseux ou dynamique ? etc.

● **Physiquement, êtes-vous :**

– A l'aise ou complexé ?
– En forme ou pas en forme ?
– En bonne ou en mauvaise santé ?
– Agité ou calme ?
– Toujours fatigué ou toujours partant ? etc.

La pesanteur du passé

Pour mieux comprendre le présent, aidez-vous de votre passé. Il explique et éclaire ce que vous êtes et vous permettra de dissocier ce qui est circonstanciel (« Je suis angoissé parce que je dois passer un examen... ou trouver un appartement... ou régler mes impôts ») et vos tendances profondes durables qui tiennent à la fois à votre tempérament et au poids de vos expériences passées, positives ou négatives (« Je suis froid parce que j'ai subi plusieurs échecs sentimentaux et que je m'oblige à paraître insensible »).

Cherchez les événements de votre vie, les expériences physiques et psychiques qui ont laissé des traces et conditionnent certains de vos comportements présents. Vous les avez peut-être oubliés, il vous faudra réfléchir pour vous les remettre en mémoire, mais faites cet effort : il est essentiel pour comprendre vraiment la personne que vous êtes aujourd'hui.

Pour mieux réussir, chaque fois que vous vous posez une des questions précédentes, après avoir répondu spontanément « Je suis comme ça » (timide, gai, complexé, agressif, etc.), demandez-vous « Pourquoi suis-je comme ça ? L'ai-je toujours été ou le suis-je devenu à un moment donné de ma vie ? Et, en ce cas, pourquoi ? Quel est l'événement qui a provoqué, influencé ou aggravé ce comportement ? »

Pour vous aider, j'indique ci-dessous quelques événements qui ont pu vous marquer. Ils sont importants. D'autres, de moindre ampleur, ont pu compter pour vous. Ils ne sont donc rien d'autre qu'une indication.

• **Deuil** : mort d'un parent, d'un enfant, d'un ami très proche...

• **Situation conflictuelle ou difficile** : divorce de vos parents, de vous-même, séparation, violence, guerre, pauvreté, solitude, peur...

• **Agression sexuelle** : viol, inceste, pression subie pendant l'enfance...

• **Agression physique** : coups, privations, souffrances...

• **Traumatisme psychologique** : abandon, rupture, manque d'amour, de tendresse, éducation rigide, échec...

• **Traumatisme physique** : accident, maladie, handicap...

Analysez de la même manière les éléments heureux, les facteurs positifs de votre passé susceptibles de vous avoir donné des bases solides, des certitudes, de l'optimisme.

• **Amour** : amour de vos parents, harmonie et sécurité familiales, éducation libérale...

• **Réussite** : réussite scolaire, sociale (milieu favorisé), facilité...

• **Relations** : rencontre avec des personnalités (professeur, amis) qui vous ont marqué de façon positive...

• **Expériences** : voyages, réussites personnelles ou artistiques...

Toutes ces questions doivent vous permettre d'établir en toute sincérité votre *bilan personnel.* Il ne s'établit évidemment ni en plus ni en moins et il n'existe pas de moyenne type à laquelle se comparer. Il est un constat lucide sans lequel vous ne pourriez honnêtement juger des atouts et des handicaps qui sont les vôtres pour améliorer ce qui ne va pas.

Réagir exige une vue dynamique des situations que vous vivez. Comprendre, à la fois, quels sont les problèmes et votre propre attitude en face d'eux vous donnera le courage de prendre les décisions qui s'imposent... ou de supporter en toute connaissance de cause ce qui ne peut changer.

Pour choisir, vous avez désormais toutes les cartes en main. Mettez en relation chaque situation difficile ou conflictuelle de chacun des cercles avec les élements du cercle du moi correspondant à votre façon de vivre cette situation particulière.

Exemple : Ann

Ann était belle comme un *top model* et saine comme une Danoise, peau claire, yeux bleus et longue silhouette sportive. Vie brillante, argent facile, voyages, hôtels et, au quotidien, tout ce qu'on raconte dans les magazines dont elle faisait la couverture. Mais Ann ne rêvait pas d'une vie de midinette. Elle trouvait son existence vide et le petit monde qui l'entourait plutôt âpre au gain.

Elle les a rencontrés dans un aéroport. Ils chantaient en s'accompagnant de tambourins, ils dansaient dans leurs robes jaunes, ils lui ont offert des fleurs et donné leur adresse à Paris. C'est ainsi qu'elle est entrée dans une secte au nom hindou. Quand elle avait un moment de liberté, elle allait dans l'hôtel particulier qui leur servait de quartier général, dans le XVIe arrondissement de Paris, et faisait, avec eux, des bouquets de fleurs séchées en chantant des mélopées douceâtres.

Quelques mois plus tard, Ann a épousé Sergueï, le chef français de la secte. Elle disait qu'elle avait trouvé la paix de l'âme. Désormais, lorsqu'elle partait, un adepte de la secte la suivait, et l'argent de ses contrats allait à la communauté. Elle était devenue végétarienne, se nourrissant presque exclusivement de biscuits, de chocolat et de lait, tentant avec ses boulimies de sucreries de tromper sa faim. Pendant les séances de maquillage et les longs moments de pause entre deux séances de photos, elle dévidait inlassablement une sorte de chapelet en marmonnant des prières. Elle essayait de convaincre les uns et les autres de venir les rejoindre, emmenait ses copines aux séances d'art floral et, faute de réussir, les laissait tomber les unes après les autres... Puis je l'ai perdue de vue.

Trois ans plus tard, elle m'a téléphoné. Elle allait mal, elle voulait qu'on la soigne. Je l'ai retrouvée dans un château du centre de la France, amaigrie, le ventre douloureux et gonflé, les dents jaunies, le visage couvert de plaques rouges, comme d'ailleurs celui de la plupart des autres membres de la secte qui vivaient là.

Ann est rentrée à Paris. Je l'ai soignée. Il lui a fallu du temps pour récupérer, et plus encore pour divorcer. Pour expliquer ce qui lui était arrivé, elle disait : « J'avais besoin d'autre chose, de quelque chose en quoi je pouvais croire, d'une autre dimension, et aussi d'amour. » Elle avait cru trouver plus que l'amour : une foi, un espoir, un ailleurs. Beaucoup ont fait comme elle et n'en sont pas revenus.

Cercle de la vie affective

– Beaucoup d'amis et de relations mais pas d'amour véritable ;
– Très grande solitude ;
– Tristesse d'être coupée de ses racines : pays, famille, langue.

- **Analyse**

Ann a terriblement peur de la solitude et besoin de se sentir en accord avec les valeurs de son enfance : famille unie, rigueur, morale, religion. Au fond d'elle-même, elle a honte d'exhiber son corps et honte de son métier.

Cercle du moi

– Vie mondaine qu'elle trouve factice ;
– Beaucoup d'argent gagné grâce à son apparence physique, ce qui heurte son éducation protestante ;
– Peur de vieillir ;
– Passé : parents très unis qui lui ont donné le sens de la famille et l'envie d'en fonder une ;
– Ann a beaucoup aimé un garçon auquel elle s'est fiancée et qui l'a quittée pour en épouser une autre ;
– Ann est très timide et introvertie.

Ann a cru qu'elle retrouverait dans une secte un « cercle de famille », ce qui l'a poussée de surcroît à épouser Sergueï. Elle s'est pliée aux contraintes de la communauté, cherchant inconsciemment à retrouver des règles de vie perdues, lui abandonnant avec plaisir des cachets qui lui brûlaient les doigts.

Ann s'est punie jusqu'au moment où, à bout de forces, un sursaut lui a permis de s'en sortir. Dans son cas, seule une reconquête de son intégrité physique et l'acceptation de son apparence pouvaient lui permettre de retrouver une vie normale.

Exemple : Michel

Lorsqu'il s'était marié, à vingt-neuf ans, Michel était, comme on dit, promis à un brillant avenir. Fils de bonne famille, diplômé de Sciences-Po, historien, sportif, tout lui réussissait. Coup de foudre, robe blanche à Saint-Honoré-d'Eylau, installation dans le deux-pièces offert par les parents, on s'aime et on a promis qu'on finirait de passer ses diplômes avant le premier enfant... qui, bien sûr, arrive neuf mois plus tard. En quatre ans, ils seront quatre, dont des jumeaux. Pierre a pris un job dans l'édition. Pas pour écrire – pourtant il en est capable – ni même pour diriger une collection, il assure la coordination technique et la fabrication d'ouvrages pratiques. Ce n'est pas grave, il est jeune, il a du temps pour bâtir la carrière dont il rêve et qu'on lui a promise.

A la maison, la vie est heureuse mais pas facile. Joelle, sa femme, n'arrête pas : une famille nombreuse, ça vous prend toute votre énergie. Michel lit, se cultive; cet intellectuel, toute sa vie, apprendra encore et encore et rêvera de son livre, celui qu'il fera un jour. En attendant, il tente de gagner plus d'argent pour faire vivre les siens. On lui propose un poste important en province, il déménage, vend son appartement parisien, installe tout le monde dans une jolie maison de l'Est de la France. L'affaire capote : licenciement, chômage et, à l'époque, peu d'indemnités. Pas assez, en tout cas, pour offrir une vie décente aux enfants qui grandissent. Joelle se tait, toujours prête à l'aider, incapable de le stimuler. Ils reviennent à Paris, mais les temps sont durs, les loyers sont ce qu'ils sont, ils ne trouvent qu'une H.L.M. de banlieue.

Quand j'ai connu Michel, il avait cinquante-cinq ans. Rêves envolés, il avait renoncé à être autre chose que ce que la vie avait fait de lui. Deux de ses quatre enfants s'en étaient sortis et s'étaient fait, à la force du poignet, une vie agréable. Les deux autres, passifs comme lui, végétaient. Il se plaignait sans cesse : il avait mal au dos et au ventre, se sentait fatigué, avait des rhumatismes. Son caractère s'était aigri aussi : il râlait sans arrêt, se mettait en colère contre Joelle qui menaçait, de plus en plus souvent, de le quitter. Restait, inchangée ou presque, cette belle mécanique intellectuelle et cette culture qui faisaient, autrefois, l'unanimité de ses professeurs.

Séance après séance, j'ai dénoué son dos raidi, ses organes spasmés et congestionnés. Allongé sur la table, il me parlait de littérature. On lui proposa de faire une traduction (il était bilingue), je le poussai à accepter. Il s'inscrivit à des cycles de conférence à la Sorbonne. Il ne recommençait pas sa vie, il la commençait.

Cercle des ambitions et des rêves

– Études brillantes promettant une belle carrière, mais arrêtée trop tôt;

– Vocation d'intellectuel contrariée par la nécessité de travailler très jeune ;
– Ambition d'écrivain jamais accomplie.

● Analyse

Michel n'a jamais appliqué son intelligence, pourtant exceptionnelle, à la conduite de sa propre vie. Il préfère se réfugier dans des jeux intellectuels, négligeant le côté pratique des choses, et niant ce que cette attitude a d'égoïste.

Il n'a jamais culpabilisé, exprimant ce qu'il refusait d'admettre comme un échec personnel dans des malaises de plus en plus nombreux destinés à le faire plaindre.

Cercle du moi

– Troubles fonctionnels importants dont certains ont dégénéré en maladie (rhumatismes) ;
– Sens excessif du devoir et des responsabilités lié à son éducation ;
– Paresse qu'il cache derrière un certain fatalisme ;
– Manque de jugement pour les choix touchant à la vie quotidienne ;
– Passé : Michel a vécu dans une famille d'intellectuels (ses parents étaient professeurs) qui a beaucoup misé sur son intelligence. Confronté au besoin pressant de gagner sa vie, il s'est montré incapable d'affronter le monde du travail et les difficultés habituelles quand on veut faire carrière dans une entreprise.

Michel a entraîné sa famille dans des difficultés qu'il aurait pu éviter. Arrivé à l'âge où les choses sont devenues irréparables, il risque de s'enfermer dans des maladies de plus en plus invalidantes qui, réellement, le rendront incapable de changer sa vie et celle de ses proches.

Il est trop tard pour réparer ce qui a été fait, mais Michel a encore de longues années devant lui. Pour ne pas sombrer définitivement dans la maladie, il doit se prouver qu'il a conservé ce qui a toujours fait sa fierté : une capacité intellectuelle au-dessus de la moyenne. En se cultivant, en écrivant enfin, il retrouvera – et cette fois à juste titre – sa fierté. Alors il recommencera à exister aux yeux des seules personnes qui comptent réellement pour lui : sa femme et ses enfants. On peut parier à coup sûr que ses malaises disparaîtront quand il n'aura plus besoin d'eux pour attirer l'attention.

Dans cet exercice difficile qui consiste à se mettre à nu, nul ne peut vous aider. Vous devez trouver seul la vérité sur vous-même, vous la dire, voire l'écrire. Après, reste le plus compliqué : décider, choisir, trancher. C'est à ce moment qu'il vous faudra de l'aide. Parlez : à un ami, à votre conjoint, à un thérapeute. Et écoutez. Nul ne pourra décider à votre place, il n'est même pas certain que le conseil que l'on vous donnera sera toujours le bon, mais il vous éclairera et, peut-être, vous montrera un point que vous aviez oublié ou négligé, un chemin auquel vous n'aviez pas pensé.

Aidez-vous moralement : il n'est pas interdit de se faire du bien quand on veut aller mieux, au contraire. Et n'imaginez pas que les solutions les plus compliquées sont les meilleures, il ne s'agit que de se mettre dans le meilleur état d'esprit possible. Ne vous dites pas non plus que

« vous n'y arriverez jamais ». Tout le monde est capable avec un tout petit peu de volonté, un minimum de courage, un rien de lucidité, et un zeste d'humour pour ne pas trop s'attendrir sur soi-même.

• **Décidez** que vous allez faire tout ce que vous pouvez pour aller mieux. Cessez de gémir sur votre propre sort, c'est le meilleur moyen pour aggraver votre cas. Décider d'aller mieux, c'est déjà croire qu'on peut aller mieux, et croire est le meilleur stimulant de la volonté.

• **Positivez :** la vieille méthode Coué a ceci de bon que, lorsqu'on cherche un peu, on trouve aussi ce qui va bien, le positif.

Lorsque vous vous enfermez dans vos problèmes, quand vous tournez en rond dans vos idées noires, vous pratiquez une forme d'autosuggestion. Renversez à votre avantage cette faculté de ne voir « qu'un côté de la lorgnette » et choisissez le bon plutôt que le mauvais.

• **Prenez du recul :** lorsque l'on a le nez enfoui dans un conflit ou un problème, on ne voit plus que lui. Votre vie conjugale est un enfer ? Renoncez au sadomasochisme quotidien des scènes de ménage, voyez des amis, sortez avec vos enfants, faites du sport, voyagez quelque temps, afin de relativiser, de voir les choses de plus loin, de plus haut.

• **Égayez-vous,** sortez, voyez des films gais, des spectacles drôles ou des matchs de foot, mais éloignez-vous du train-train et des soucis quotidiens. Rire est le meilleur des médicaments.

• **Concentrez-vous :** apprenez à maintenir votre attention sur une idée, un travail, un livre, un air de musique, sans penser à rien d'autre. Entraînez-vous, si vous avez du mal, en vous fixant des temps, d'abord courts, puis plus longs.

Cet exercice vous aidera à mieux réussir les jeux de la balance et des cercles.

Comme vous vous êtes fait aider moralement, faites-vous aider aussi physiquement. Lorsqu'on souffre de troubles fonctionnels, qu'on a mal au ventre ou au dos, que dormir est un problème et se contrôler une impossibilité, on n'est pas vraiment au mieux de sa forme ni capable de se concentrer.

Inutile, dans ce cas, d'attaquer un régime sévère ou une cure acharnée de remise en forme. Vous devez vous détendre, vous relaxer, apaiser votre corps autant que votre esprit. Ne cherchez pas la difficulté : quatre exercices de base suffisent. Choisissez celui ou ceux qui vous conviennent le mieux, pratiquez-les en alternance aux moments les plus opportuns. Ces exercices valent pour tous, hommes ou femmes, jeunes ou moins jeunes... Ils sont faits pour vous déstresser et, si vous souffrez, pour diminuer vos douleurs.

2e ÉTAPE : ARMEZ VOTRE CORPS POUR LA VIE

La forme naît de la douceur, et, si je reste convaincu qu'il faut bouger, faire exister son corps, vivre en mouvement, j'ai toujours su qu'il fallait adapter pour chacun un programme à sa mesure, sans forcer, sans contraindre. Nul ne peut forcer son corps si son esprit, en quelque sorte, renâcle, n'est pas d'accord.

Le premier syndrome actuel est l'incroyable faculté de nos contemporains à subir plutôt qu'à agir, et à rechercher des moyens sophistiqués de guérison plutôt que des moyens simples et naturels de maintien en forme.

On préfère aujourd'hui les spécialistes aux généralistes, les antibiotiques à la prudence, les régimes aberrants aux règles de vie. On se sert des résultats d'analyses complexes pour prendre des médicaments hyperspécifiques. Cependant, même si les troubles fonctionnels ne sont pas toujours semblables et si la nature humaine est multiple au point que personne ne ressemble vraiment à personne, biologiquement nous sommes frères et sœurs. Et si nous ne respectons pas les principes mêmes de la vie, nous ne pouvons aller bien.

Respirer, manger, exister, sont les fonctions de base de l'existence. Si l'on respire et l'on mange mal, si l'on vit au mépris des rythmes biologiques les plus élémentaires, le métabolisme se dérègle et des troubles apparaissent.

Le ventre reste le centre de la vie et les grandes maladies – le cancer, l'artériosclérose, etc., – sont souvent l'aboutissement d'un dysfonctionnement de l'assimilation et de l'élimination. Elles sont longues à se déclarer, on n'y prête pas attention, pas plus qu'aux mille et un symptômes qui devraient nous alerter. Pourtant, mal assimiler les éléments essentiels au renouvellement de nos cellules, éliminer insuffisamment – lentement et insidieusement – les déchets, crée, à la longue, des lésions irréversibles.

Jour après jour, dans mon cabinet, je peux vérifier que

chaque fois que je peux, avec son aide, rétablir chez l'un de mes patients la fonction assimilation-élimination, peu à peu disparaissent, sans autre traitement, les tendinites à répétition, les angines, sinusites, rhino-pharyngites, maux de tête, douleurs pendant les règles, cellulite, fatigue et... autres kilos en trop. Car c'est dans notre ventre que naissent nos maladies, dans notre ventre aussi que prend racine notre santé.

Les choses les plus simples étant, étrangement, les plus difficiles à admettre, je constate, hélas ! chaque jour que nous avons oublié les fondements essentiels de la vie. Au point que, lorsque nous tombons malade, nous cherchons dans la science des moyens de guérir avant de réfléchir aux traumatismes qu'à longueur de journée nous nous infligeons à nous-mêmes.

Lorsqu'ils ont accepté de le comprendre, tous – je dis bien tous – mes patients ont commencé à retrouver leur équilibre en rétablissant dans leur intégrité les trois fonctions naturelles essentielles :

- **La respiration**
- **La relaxation**
- **L'alimentation**

Elles sont les trois pôles d'un traitement de base valable pour tous, toujours indispensable et souvent suffisant.

Respirez

Tout le monde respire, personne, ou presque, ne sait respirer. Pourtant, maîtriser sa respiration est indispensable pour détendre le système nerveux central et rééquilibrer ses énergies. 99,9 % de nos contemporains vivent à un mauvais rythme.

Les uns sont en état quasi permanent de surstimulation ou d'hyperactivité. Leurs glandes et leurs organes, trop sollicités, s'épuisent, vieillissent trop vite, d'à-coup en à-coup. Leur métabolisme s'affole et ils subissent en alternance des paroxysmes et des ruptures d'énergie.

Les autres sont en état de sous-stimulation. Leur organisme fatigué tourne à moindre régime, leur tension baisse, leurs glandes et leurs organes fonctionnent au ralenti et s'engorgent ou s'encrassent.

Dans les deux cas, il faut décompresser, se relaxer et, pour y arriver, trouver d'abord son rythme et sa respiration.

Respirer, au sens où je l'entends ici, est plus que l'exercice mécanique d'une fonction vitale. C'est la prise de conscience d'un acte essentiel par lequel nous oxygénons notre cerveau autant que nos cellules, nous insufflons, au sens propre, la vie dans notre corps pour en rejeter ensuite toxines et déchets. Au rythme de notre respiration se fabrique, à chaque minute, la bonne ou la mauvaise alimentation de nos systèmes biologiques.

Comment respirer ?

On doit inspirer très doucement par le nez, expirer très doucement par la bouche ou par le nez, profondément mais sans aucune contraction musculaire, sans forcer, en gonflant d'abord son ventre naturellement puis en laissant s'ouvrir sa cage thoracique. Si, par exemple, vous êtes entouré de gens, ils ne devront rien remarquer. Les résultats se jouent sur la durée des inspirations et expirations, c'est-à-dire sur le niveau de contrôle auquel vous pourrez parvenir.

Le plan de trois semaines

La première étape dure trois semaines. C'est la plus intensive, celle au cours de laquelle vous devez à la fois apprendre à respirer, analyser vos réactions et parvenir au meilleur niveau de maîtrise possible pour vous.

Pendant ces trois semaines, vous devez essayer de pratiquer les respirations une fois toutes les heures. Si cela vous semble difficile au début, commencez par un exercice de respiration toutes les deux ou trois heures, puis raccourcissez peu à peu les délais.

• **Pendant la première semaine,** inspirez pendant cinq secondes, gardez l'air inspiré dans vos poumons pendant deux secondes, expirez pendant cinq secondes.

Renouvelez cet exercice sept fois de suite, moins au début si cela vous paraît trop difficile.

Ne cherchez pas à faire durer vos respirations plus longtemps pendant ces premiers jours : il vous suffira d'essayer pour vous rendre compte que ce n'est déjà pas si facile. Le plus souvent, on inspire tranquillement mais, venu le temps de l'expiration, on se relâche, on se dégonfle d'un coup comme, dans la vie, on « se dégonfle » dans certaines situations difficiles.

Retenir son souffle pendant deux secondes au sommet

de l'inspiration est un exercice d'endurance, la preuve que l'on peut affronter une situation, non la subir et y céder sans résister. De même, contrôler son expiration est un début de maîtrise de soi.

Au départ, vous ressentirez probablement des malaises : des étourdissements ou des vertiges provoqués par une suroxygénation inhabituelle, une fatigue plus ou moins importante parce que vos nerfs se détendront et que le décrassage soudain provoqué par l'élimination des toxines dues au stress, aux médicaments, à une mauvaise alimentation exigera un effort épuisant pour l'organisme.

Ne cédez pas à ces désagréments, ils sont normaux. Ils dureront quelques jours pour certains, deux semaines pour d'autres, puis disparaîtront. Si vous vous sentez gêné, diminuez le nombre des exercices pratiqués et augmentez ensuite doucement, mais régulièrement.

Au bout d'une semaine – ou un peu plus longtemps –, vous vous sentirez déjà différent.

• **Pendant la deuxième semaine**, toujours au rythme de sept respirations toutes les heures, inspirez et expirez pendant cinq à huit secondes, en gardant l'air dans vos poumons pendant quatre à cinq secondes entre les deux.

• **Pendant la troisième semaine**, inspiration comme expiration dureront huit à dix secondes, le palier entre les deux étant de six à huit secondes.

A chaque émotion

Pendant ces trois semaines, utilisez également la respiration contrôlée chaque fois que vous êtes soumis à une émotion violente, une contrariété, un conflit, un stress brutal et inattendu, mais aussi pour vous préparer à affronter une situation difficile ou qui vous met mal à l'aise.

Selon la situation et le temps dont vous disposez, respirez de la même manière 2, 3 ou 4 fois.

Les buts de la respiration

Le but de ces exercices est tout d'abord de régulariser toutes les heures vos fonctions vitales en les réactivant si elles sont en état d'hypofonctionnement, en les régularisant si elles sont en état d'hyperfonctionnement. Ils permettent aussi d'éviter les inévitables coupures d'énergie liées à tout dysfonctionnement du métabolisme de base.

Contrôler sa respiration, c'est maîtriser son corps en en prenant conscience. Au fur et à mesure, les troubles fonctionnels s'estompent ; les spasmes, les tensions disparaissent. Le corps change, donc le comportement se modifie : en retrouvant son énergie et une harmonie biologique, on se sent mieux, on est moins épuisé ou moins nerveux, moins lymphatique ou moins irritable. Et, parce que le corps et le comportement se modifient, l'état d'esprit se transforme : on est plus détendu donc plus ouvert, plus à l'aise, c'est-à-dire aussi moins égoïste, plus à l'écoute, plus adaptable.

Après ces trois semaines d'initiation à la respiration, il vous suffira de respirer deux minutes chaque fois que vous en éprouverez le besoin pour maintenir au meilleur niveau votre énergie vitale.

Observez un sportif pendant les quelques instants qui le séparent du top de départ d'une compétition : concentré, absent au monde qui l'entoure, il respire. A chaque moment intense de votre vie, faites de même : c'est la base de toute reconquête de vos forces et de votre équilibre.

Sans respiration, les stress vous atteindront de plein fouet, vous serez sans défense et, au bout d'un certain temps, commenceront les inévitables troubles en tous genres induits par ces agressions permanentes.

Respirer doit devenir un réflexe de survie chaque fois que vous êtes confronté à un problème car, en quelques minutes, vous mettrez alors entre le stress et vous comme une éponge qui fera tampon, l'absorbera en partie, diminuera son impact psychologique et physique.

Parfois, des patients viennent chez moi de très loin mais je répugne à leur imposer des heures de train ou de voiture pour suivre mes traitements. Je leur dis généralement : « Ne venez pas, mais faites deux choses : respirez et mangez lentement, et vous irez presque bien. »

Car, quand le corps se dénoue, l'âme s'ouvre et on est proche, déjà, de l'harmonie.

Lorsque vous aurez appris à respirer, vous serez sur la voie de la deuxième étape : la relaxation.

■ Relaxez-vous

La relaxation est à la fois la voie vers une prise de conscience de sa propre existence et une détente propice à une plus grande ouverture. Elle aide à retrouver ou à créer une véritable harmonie entre l'âme et le corps. Au début, il vous faudra une certaine discipline : la vie moderne ne favorise ni la détente ni la réflexion, et il est bien difficile de se laisser aller, encore plus de se concentrer, entre deux rendez-vous et trois urgences.

C'est encore moins aisé lorsqu'on a mal ou que l'on va mal. Des soucis importants, des maux de dos ou de ventre, des stress répétés font écran entre nous et notre volonté de nous abstraire et de nous retrouver. Il vous faudra essayer, vous adapter, trouver le moment et le lieu, recommencer si ça ne va pas, et surtout ne pas vous décourager. Aidez-vous de la respiration : parce qu'elle est un moyen de mieux vous contrôler, elle vous fera supporter les problèmes que vous rencontrerez forcément au début.

Retrouvez-vous

Choisissez un endroit calme, apaisant, où vous vous sentez bien, où l'on ne vous dérange pas.

Installez-vous de telle façon que vous soyez le plus à l'aise et le plus détendu possible : vous devez ressentir un minimum de tension intérieure, choisir la posture ou l'attitude – couché par terre ou sur votre lit, assis dans un fauteuil – qui vous évitera toute douleur, rien ne doit vous agresser, éteignez ou tamisez les lumières.

Habillez-vous de façon à ne pas être serré : dénouez ceinture et cravate, préférez les vêtements amples, les matières naturelles.

Couvrez-vous de façon à ne pas avoir froid (éventuellement, prévoyez une couverture).

Fixez-vous un temps, celui que vous voulez, vous l'adapterez ensuite au fur et à mesure des séances, selon vos possibilités. Vous pouvez commencer par des séances de dix minutes par exemple, que vous augmenterez ensuite régulièrement. Essayez de faire le vide dans votre esprit, de vous déconnecter de votre environnement, de vos soucis quotidiens, des mille pensées qui vous encombrent. Allez à l'essentiel : vous, votre personne, votre corps, vos rêves, vos désirs.

On croit souvent, surtout en Occident, que la relaxation n'est qu'une prise de conscience du corps. On pense aux séances classiques où, allongé par terre, souvent en groupe, on vous demande de sentir, l'un après l'autre, chacun de vos membres s'alourdir, chaque partie de votre corps s'individualiser. Alors que tout s'agite autour de vous, que votre emploi du temps est surchargé, on voudrait qu'à heure fixe, au beau milieu d'une journée, parce que c'est l'heure du cours ou de la séance, vous soyez capable, soudain, de tout oublier au point de vous identifier à l'un de vos doigts de pied, et de repartir, comme si de rien n'était, au bureau ou à la maison.

On oublie que les règles – ces règles – de la relaxation ont été codifiées il y a trente ou quarante ans, quand la vie n'avait pas le même rythme, quand les femmes ne travaillaient pas, que les familles étaient unies, à une époque plus douce. Aujourd'hui, c'est une gageure. Quand on rentre épuisé d'une journée de travail, en courant car il faut encore s'occuper des enfants, du dîner, de la maison, et qu'on tombe avachi devant un feuilleton débile qu'on regarde à peine à la télévision, n'est-ce pas encore une forme de « relaxation », une façon comme une autre de faire le vide ?

Car c'est cela, pour moi, la relaxation, au moins au début : faire le vide dans son esprit, décompresser, s'abstraire totalement.

Ce n'est pas pour autant l'immobilisme, qui serait encore une contrainte. Si vous avez envie de vous étirer, de vous gratter, de vous moucher, de masser votre ventre ou votre genou, faites-le. Prenez votre corps en main, touchez-vous si c'est nécessaire ou si vous en avez envie. N'hésitez pas : vous devez retrouver aussi le contact physique avec vous-même. L'important est de vous sentir à l'aise.

Pensez à vous

Pensez à vous tel que vous êtes, à votre vie telle qu'elle est. Aidez-vous des cercles si cela vous permet de penser par thèmes, d'organiser un peu votre réflexion. Dans les premiers temps, votre esprit aura du mal à ne pas divaguer, vous aurez le sentiment que vous ne parviendrez jamais à vous concentrer : ne vous en faites pas. Peu à peu, vous y arriverez. Ne faites pas d'exercices compliqués, en tout cas je ne vous en prescrirai pas. Si vous en ressentez l'envie, d'excellents livres les décrivent.

Pour ma part, j'aimerais que la relaxation vous conduise tranquillement à reconsidérer votre vie, à tirer objectivement les leçons des jeux des cercles et de la balance.

Le mal, on le sait, prend le pas sur le bien. Un souci pèse sur nous plus qu'une joie, et nous pensons plus souvent au pire qu'au meilleur.

La relaxation doit vous aider à mieux appréhender les situations, à trouver ce qui est bon pour vous. Assumer ou trancher ? Supporter quelque chose, quitte à faire des concessions, ou changer ? Ou fuir ? La relaxation doit être, pour vous, le chemin qui conduit à une vision claire de l'essentiel, qui elle-même participera à la reconstruction de votre volonté et de votre énergie.

Ne trichez pas

Dialoguez avec vous-même, mais excluez toute tricherie, ces accommodements avec la vérité et avec soi-même auxquels on cède quand on a peur d'affronter les décisions à prendre. Les thérapeutes connaissent ces faux-semblants, paravents de notre lâcheté et de nos inhibitions. Je remarque souvent que le trouble, ou la douleur, pour lequel un patient vient me consulter en cache un, ou une, autre dont il ne parle pas. Que guérir un patient, c'est aussi lui enlever une raison de se plaindre, une excuse, un motif pour ne pas penser à autre chose.

J'ai soigné, il y a peu, une femme que des manipulations répétées de la cinquième vertèbre lombaire et du sacrum avaient laissée presque paralysée d'une jambe. Les séances étaient longues, difficiles, épuisantes pour moi ; pourtant, peu à peu, les douleurs cédaient, la mobilité revenait. A peine commençait-elle à marcher qu'elle fit une fixation sur une légère entorse qu'elle s'était faite au pouce, furieuse que je ne m'y intéresse pas assez à son goût, indifférente aux progrès de sa jambe qui était pourtant un vrai et lourd handicap.

Face à vous-même, posez-vous les vrais problèmes, et les vraies solutions s'imposeront à vous, presque sans effort.

Quand se relaxez ?

Parce qu'il est difficile d'apprendre à se relaxer profondément, fixez-vous d'abord des objectifs : pratiquez la relaxation jusqu'à ce que vous y parveniez sans effort, de trente à quarante-cinq minutes, une ou deux fois par semaine. Lorsque vous aurez atteint ce rythme vous aurez pratiquement gagné.

Alors vous pourrez utiliser la relaxation autrement : pour vous détendre, pour voir plus clair à un moment de votre vie, pour aller plus loin que la simple réflexion quotidienne. Elle vous aidera à retrouver l'équilibre fondamental entre l'âme et le corps. Vous saurez distinguer les dysfonctionnements physiques ou psychiques et tenter de les résoudre en n'étant plus jamais coupé en deux, comme si votre enveloppe charnelle et votre esprit menaient deux vies indépendantes et parrallèles.

Vous ferez alors une séance de temps en temps, quand ce sera nécessaire. Et vous apprendrez à vous relaxer à tout moment, en tout lieu, pendant les deux à trois minutes suffisantes pour regonfler votre énergie, celle d'une personne à part entière qui s'assume dans son corps et dans sa tête.

■ Assimilez-éliminez : l'alimentation

Assimiler-éliminer est une fonction essentielle de notre organisme. Nous mangeons pour absorber les éléments nutritifs indispensables à nos cellules, nous éliminons nos toxines et déchets pour nous régénérer.

Une bonne assimilation-élimination passe par cinq règles simples :

- Manger détendu et lentement ;
- Varier son alimentation ;
- Manger ce qui nous fait plaisir ;
- Hydrater son organisme ;
- Manger à des heures régulières.

Mangez lentement

Il est des vérités de La Palisse devenues, pour de mystérieuses raisons, des tabous totalement oubliés. L'un d'eux – et non des moindres – est l'absolue nécessité, pour bien assimiler les aliments, et donc en tirer un maximum de bienfaits, de manger lentement et dans le calme. Avalée n'importe comment, la meilleure des nourritures peut se transformer en poison.

Quand on mange trop vite, quand on est stressé, nerveux, angoissé au moment de passer à table, il se produit des coupures d'énergie, une perturbation immédiate de la chaîne des réactions mises en jeu tout au long de la digestion. Un organe ou un autre fonctionne mal, excessivement ou trop lentement – hyper ou hyposécrétion de sucs gastriques, de bile, d'enzymes, etc. –, et le système neurovégétatif se dérègle. L'assimilation se fait mal, si bien que le corps ne profite pas des éléments nobles de l'alimentation : protides, lipides, glucides, vitamines, sels minéraux, oligo-éléments. Les organismes plutôt lymphatiques s'encrassent, les hyperactifs éliminent trop vite ce qui leur reste de ces vitamines, sels minéraux et oligo-éléments, et, dans les deux cas, on souffre de carences. C'est alors la porte ouverte à tous les troubles fonctionnels et, en premier lieu, à une intense fatigue physique et psychique, car, comme le corps, le cerveau se nourrit des aliments que nous mangeons.

Il faut savoir que le meilleur des régimes est inutile si, parce qu'on mange trop vite et dans le stress, on n'en assimile qu'une toute petite partie. Il en est de même des médicaments. La plupart sont prescrits à heure fixe, souvent avant ou pendant les repas. Mais, si ces repas sont mal digérés, les remèdes n'auront aucun effet, ou en tout cas pas celui qu'on espère. D'autant que des recherches très importantes ont été consacrées justement à leur donner la forme la plus directement assimilable par l'organisme à un moment choisi.

Aujourd'hui la nutrition a fait des progrès fulgurants, et livres et médias ont largement vulgarisé ces règles essentielles. Parallèlement, l'industrie agro-alimentaire a mis sur le marché un maximum de produits diététiques, allégés en sucre, en matières grasses, en huiles animales, etc.

Pourtant les troubles fonctionnels liés à des dysfonctionnements du système neuro-végétatif et à une mauvaise digestion n'ont jamais été aussi nombreux. Je vois de plus en plus de gens frustrés de ne pas obtenir les résultats escomptés avec des régimes pourtant sévères auxquels ils se sont astreints, et malheureux de leur mauvais état psychologique dont ils ne comprennent pas la cause. Elle est pourtant simple : ils mangent dans de mauvaises conditions.

Passez à table détendu

Nos ancêtres récitaient une prière avant de commencer à manger. Comme beaucoup des coutumes inscrites dans la pratique religieuse, celle-ci avait une incidence sur l'hygiène de vie. Je ne vous demanderai pas de prier, encore moins d'imposer le *Benedicite* à ceux qui partagent votre repas, mais si vous êtes stressé, contrarié, pressé, ou si vous êtes dans un cadre désagréable ou bruyant, pratiquez quelques respirations avant de commencer à manger, vous serez aussitôt dans de meilleures dispositions.

Si vous êtes chez vous, soignez le cadre de votre repas. Une table agréable et bien mise est un plaisir pour l'œil qui vous détendra. Il est sûrement impossible de dîner chaque soir en famille sur une nappe immaculée, mais améliorer un peu le décor de la table familiale ne demande qu'un tout petit effort. 99 % des Français dînent dans leur cuisine : faites-en un lieu chaleureux et agréable. Les nappes plastifiées, les assiettes, les couverts, et même les serviettes en papier ont aujourd'hui des couleurs – et des prix – qui vous le permettent.

Mangez calmement

Manger calmement et lentement ne signifie pas mâcher indéfiniment. Il faut mâcher, certes, car la digestion commence dans la bouche puisque c'est là que les enzymes sécrétées par la salive imprègnent les glucides et commencent leur tranformation, mais mâcher naturellement sans exagération.

Variez votre alimentation

Tout ce dont nous avons besoin est contenu dans l'alimentation... à condition de manger de tout. Cela est valable quand on va bien.

Pour aller bien, il faut d'abord remettre en état son système neuro-végétatif.

Supprimez les poisons

Lorsqu'on souffre de troubles fonctionnels, il est indispensable de rééquilibrer d'abord le système neurovégétatif, toujours atteint, plus ou moins gravement. Pour cela il vous faudra, pendant quatre à six semaines, observer quelques règles que vous pourrez ensuite adoucir. C'est au bout de ce temps seulement que votre système digestif aura acquis à nouveau les défenses naturelles grâce auxquelles il supportera une alimentation « normale », c'est-à-dire incluant un certain nombre d'excès.

Pendant cette cure d'attaque indispensable, supprimez totalement :

• **Tous les plats et produits à base de farine blanche :** pizza, pain blanc, biscuits et pâtisseries, béchamelle et toutes les sauces à base de farine blanche, soufflés, crêpes, etc. La farine blanche (contrairement aux farines complètes) est très lourde à digérer, donne des flatulences, des ballonnements et encrasse le système digestif.

• **Les sucres à assimilation rapide :** sucre, boissons sucrées, bonbons, confitures, pâtisseries, etc. Ils irritent la muqueuse stomacale, sollicitent exagérément le pancréas, qui sécrète trop d'insuline, congestionnent le foie parce qu'ils sont très difficiles à éliminer. Ils n'ont par ailleurs aucune fonction d'excitant du système nerveux.

• **Le lait et le fromage blanc** (même à 0 % de matière grasse), pour les adultes : le lait ralentit considérablement la digestion, provoque des flatulences intestinales, constipe, alourdit le psychisme, provoque parfois de véritables intoxications.

• **Les fritures :** frites, beignets, viandes et poissons panés, poissons passés dans la farine avant d'être cuits dans la poêle, grillades carbonisées au feu de bois, etc. Elles provoquent des gastrites, un ralentissement de la digestion, donnent des flatulences et des gaz.

• **Le café :** plante des pays tropicaux, le café n'est pas – on l'ignore trop souvent – métabolisable par nos organismes occidentaux des régions tempérées ou froides, qu'il intoxique car il contient des purines (toxines parmi lesquelles on compte, par exemple, l'acide urique). Les intoxications par le café provoquent des migraines, de l'hypertension et, quand son effet disparaît, de dangereux « coups de pompe ». Il entraîne une augmentation de l'agressivité, de la nervosité, de l'émotivité, de l'anxiété. Pris à jeun, il entraîne à la longue une hypersécrétion des sucs gastriques, des maux et des brûlures d'estomac, des nausées, des aigreurs, et peut provoquer une gastrite.

• **Le café au lait :** c'est la « bombe du matin », malheureusement base habituelle des petits déjeuners français. Les effets conjugués du tanin du café chaud, de la caséine et de l'albumine du lait forment un mélange quasi indigeste. La chicorée a un effet complètement inverse et vous pouvez avantageusement remplacer l'un par l'autre.

Si, au bout de six semaines, vous éprouvez l'envie de réintroduire ces aliments dans votre nourriture, faites-le, mais sans excès.

Faites-vous plaisir

Il n'y a pas de bonne alimentation sans plaisir de manger. Une bonne odeur, un goût agréable, sont les conditions *sine qua non* de votre envie et de votre appétit. C'est important, car la légère euphorie qu'on éprouve à un bon repas détend le système neuro-végétatif et favorise la digestion, de même qu'elle ouvre les esprits et délie les langues : ce n'est pas par hasard que l'on parle de la « chaleur communicative des banquets ».

Or cuisiner ce que l'on aime ne prend à l'évidence pas

plus de temps que de cuisiner ce qui nous déplaît, et il est toujours un moyen de relever ou améliorer un plat.

Chacun de nous a des goûts si profonds qu'il ne sert à rien de vouloir les contrarier, aussi personnels que des empreintes digitales. C'est d'ailleurs la raison pour laquelle personne ne peut suivre à long terme un régime qui lui déplaît. De la même façon, maigrir n'implique pas qu'on supprime de son alimentation tout ce qu'on aime, au contraire. Un bon plat, dégusté avec plaisir, nous fera plus de bien que de mal. N'ayez pas honte au moindre cassoulet, ne culpabilisez pas devant une blanquette, ne renoncez pas à vie au coq au vin, savourez-les pleinement, sans complexe. Ce bonheur détendra votre système nerveux... justement responsable, en grande partie, de vos problèmes de poids.

Mangez à des heures régulières

Le système digestif est une machine bien réglée mais selon un rythme d'habitudes. Tout changement le désorganise et perturbe le jeu des sécrétions endocrines qui deviennent alors anarchiques, donc toxiques.

Hydratez votre organisme

L'eau est indispensable à l'organisme, on le sait. Elle favorise les échanges cellulaires, donc l'élimination des déchets et des toxines.

Pendant les six semaines que dure le traitement de base : cure de « choc » et période d'adaptation comprise, il est absolument nécessaire, pour aider au travail de décrassage et d'élimination entrepris, de boire 2 litres d'eau par jour.

Cette eau doit être prise essentiellement en dehors des repas : plus d'un verre d'eau à table ralentit la digestion. Une grande partie doit être prise de préférence le matin, dont deux à trois verres à jeun avant de vous lever, encore allongé dans votre lit, que vous pouvez additionner de quelques gouttes de jus de citron frais pour en améliorer le goût.

L'eau prise allongée et sans adjonction d'autres aliments, est plus diurétique car elle circule plus vite à l'intérieur du corps. Le phénomène d'élimination en sera donc accéléré. D'autre part, lorsqu'elle est bue couchée, elle n'alourdit pas l'estomac, ce qui permet d'en boire en grande quantité sans inconvénient.

L'eau doit être à température ambiante : ni glacée, ni tiède. Pendant vos séances d'endurance – ou s'il fait très chaud – vous pouvez augmenter la quantité d'eau journalière. Au bout des six semaines, repassez naturellement de deux litres à un litre et demi, sans descendre en dessous.

Mon conseil : continuez à prendre un ou deux grands verres d'eau à jeun, le matin.

A chaque stress ou émotion forte, buvez un verre d'eau très lentement.

Cette première étape n'a qu'un but : construire les fondations sur lesquelles vous vous rebâtirez une existence plus sereine et plus douce.

Les jeux d'introspection sont aussi des jeux de construction. Ne les transformez pas en exercices d'autopunition. Ils n'ont de sens que si vous cherchez délibérément à leur donner un sens pour en tirer des conclusions positives, des modes d'action et de réaction plus adaptés, un moyen de vivre mieux vos relations avec les autres.

Ils doivent aussi vous aider à vous reconnaître pour ce que vous êtes et à vous estimer vous-même. Certes, vous découvrirez en vous des failles, des défauts, des lâchetés. Qui n'en a pas ?

N'essayez pas de changer de fond en comble : personne n'est destiné à être tout à fait un autre et ce n'est pas le but recherché. Cherchez seulement à corriger ceux de vos comportements qui risquent de vous faire commettre des erreurs graves et à rectifier ceux qui sont inconsciemment dictés par des expériences antérieures.

Physiquement, la respiration, la relaxation, une bonne assimilation vous permettront de détendre vos muscles, dénouer vos tensions, calmer vos nerfs et fortifier tout votre organisme.

Cette étape est fondamentale. Elle vous préparera à vous prendre en charge, à commencer le combat contre les stress et les troubles fonctionnels pour retrouver l'énergie de mettre de l'ordre dans votre vie.

Ces troubles ne sont pas les mêmes pour tous et, si la première étape constitue une sorte de traitement de base commun, universel, valable pour tous, certains dysfonctionnements demandent un traitement particulier. Ce sera la seconde étape de cette méthode.

4.

L'ADAPTATION

1re semaine :
une fatigue intense mais naturelle

2e semaine :
un début d'amélioration

3e semaine :
l'apparence de la guérison

Trois semaines pour se stabiliser

Neuf mois pour se consolider

Tous mes patients et, comme eux, les millions de gens atteints de troubles fonctionnels, souffrent à la fois de malaises physiques, de difficultés psychologiques et de conditions de vie difficiles. Pourtant, ils vivent. Pas très bien, mais pas si mal non plus, si l'on considère qu'ils détruisent, depuis souvent de longues années, leur équilibre et leur métabolisme. Ils sont touchés, ils ont passé le seuil de l'harmonie, mais ils n'ont pas encore atteint l'autre versant : celui de la maladie organique et des pathologies irréversibles. Ils ont trouvé, en quelque sorte, un équilibre qui n'en est pas un, ou un déséquilibre admissible. Il faut du temps pour développer un cancer ou une artériosclérose. Il faut du temps aussi pour revenir à la santé, au bien-être, au bonheur du corps et de l'esprit. Du temps et du courage car, pendant cette période, corps et esprit vont devoir lutter pour accepter les traitements, supporter la fatigue supplémentaire imposée par ces bouleversements qui, pour être sains, n'en sont pas moins dérangeants.

1re SEMAINE : UNE FATIGUE INTENSE MAIS NATURELLE

La première semaine du traitement de base est aussi la plus difficile. La suroxygénation entraînée par les exercices de respiration accroît le rythme cardiaque et provoque une augmentation du débit de la circulation sanguine, permettant un décrassage accéléré des organes. Cette accélération de la fonction d'élimination est, pour le métabolisme, un travail d'endurance aussi important que vos séances d'activité physique et ne va pas sans entraîner une fatigue normale mais importante. Normale, car elle prouve que l'organisme est sain, qu'il répond aux sollicitations et que ses fonctions vitales sont prêtes à redémarrer à plein régime.

Pendant cette semaine et, de façon moindre, les deux suivantes, vous pouvez avoir un certain nombre de réactions négatives : difficulté à vous lever le matin, des sensations de lourdeur, des moments de torpeur et d'absence pendant la journée, de la difficulté à vous concentrer, des « coups de pompe » après le déjeuner et, en fin d'après-midi, accompagné d'une irrésistible envie de dormir, un manque de volonté. Parallèlement, vos douleurs physiques risquent de s'accentuer, et d'anciennes douleurs, de se réveiller : maux de dos, de ventre, de tête, etc.

Il est essentiel de ne pas vous décourager : cette période difficile est le premier pas inévitable vers une amélioration. Il n'est pas non plus indispensable de réagir en victime. Ayez l'intelligence de vos réactions et appréciez vos propres contraintes. Si vous êtes dans une période professionnelle importante, par exemple, repoussez le début du traitement ou allégez-le : les trois semaines de la cure d'attaque dureront alors un mois ou un peu plus, mais elles n'en auront pas moins d'effet à long terme. Si vous avez subi un traumatisme psychologique ou physique important, il est alors tout à fait nécessaire de conduire le traitement de base au rythme que vous pouvez supporter.

Si votre organisme ne réagit pas du tout au traitement de base alors que vous l'avez bien suivi, consultez un médecin : il est probable que vous êtes atteint d'un dérèglement ou d'une maladie spécifiques.

J'ai toujours observé, au cours de mes traitements, les difficultés d'adaptation d'un organisme à un nouveau mode de vie. Après la séance – pourtant très douce – de thérapie manuelle, mes patients m'appellent souvent, affolés par l'état de fatigue dans lequel ils se trouvent alors qu'ils attendaient, au contraire, un soulagement immédiat. Je les préviens toujours, mais cette brutale « aggravation » est difficile à comprendre. Pendant des années, ils ont vécu dans un état de tension, de fatigue, parfois de douleur tel que leur organisme, pour survivre, a plus ou moins « accepté » cet état, trouvant dans un mode de fonctionnement pathologique une fausse normalité. Les drames psychologiques, les traumatismes physiques originels se sont estompés et les douleurs-paravents les ont supplantés, sans pour autant les faire disparaître. Au contraire, il faudra les retrouver et les guérir pour espérer que le patient retrouve sa santé. Évidemment, plus ils sont anciens, plus le traitement sera long, difficile, et exigera une prudence extrême.

2e SEMAINE : UN DÉBUT D'AMÉLIORATION

Dans la majorité des cas, pendant le courant de la deuxième semaine, la fatigue, les douleurs, les malaises réveillés par le traitement de base vont commencer à diminuer. En même temps, vous commencerez à moins douter, peut-être à reprendre confiance.

Le matin, vous vous sentirez moins lourd et vous aurez moins de difficulté à attaquer la journée. Vous éprouverez toujours des états de torpeur, de soudaines envies de dormir au cours de la journée, mais moins nombreux et moins intenses. De même, les douleurs physiques seront moins présentes, même si elles ne disparaissent pas totalement. Psychologiquement, vous vous sentirez plus alerte. Profitez-en pour adapter le traitement et vous armer pour la troisième semaine.

Alors que, pendant la première semaine, vos nuits étaient parfois agitées, entrecoupées de périodes de réveil, vous dormirez mieux et votre état de fatigue en sera diminué.

3e SEMAINE : L'APPARENCE DE LA GUÉRISON

La troisième semaine est, contrairement aux apparences, celle de la consolidation psychologique. On va mieux moralement, on se sent plus fort, on retrouve plus de courage, d'énergie et de lucidité qu'on en avait eu depuis longtemps, et même une joie de vivre qui peut, et c'est là le danger, tourner à l'euphorie.

Car, en même temps, la plupart des malaises physiques disparaissent ou, en tout cas, cèdent, au point que les patients qui en souffraient depuis longtemps ont une fâcheuse tendance à crier au miracle. Or il n'y a pas de miracle : ne plus avoir mal ne signifie pas qu'on n'aura plus jamais mal.

Après trois semaines d'un traitement vécu – à juste titre – comme une contrainte, accompagné de réactions désagréables et de vraies difficultés morales et physiques, la grande majorité baisse les bras et abandonne, malgré les conseils et les explications. Parce que c'est tentant, parce que c'est facile, parce que c'est humain ! Lorsqu'il n'en est plus la proie, le corps oublie instantanément les douleurs, même insupportables, qu'il a éprouvées si longtemps. L'esprit oublie moins facilement, peut-être, mais enfouit dans le subconscient la réalité qui est que, pour préserver cet état encore fragile, pour qu'il dure, il faut faire preuve d'un peu plus de courage, de bons sens et de volonté.

Nombreux sont les patients qui veulent me quitter à ce moment-là, abandonner le traitement, persuadés qu'ils en sont sortis et qu'en continuant, de temps en temps, le traitement de base, il ne leur arrivera plus rien. Ceux que je n'arrive pas à convaincre de poursuivre reviennent infailliblement un jour ou l'autre, se plaignant des mêmes troubles et des mêmes maux qui les avaient amenés à me consulter. Ils ont refusé d'admettre que, comme ils s'étaient accomodés de vivre mal, le corps et l'esprit doivent s'habituer à aller bien.

Trois semaines d'effort ne servent à rien si on n'a ni l'envie ni la force de stabiliser les résultats acquis pendant l'indispensable période d'adaptation.

TROIS SEMAINES POUR SE STABILISER

Les trois semaines nécessaires pour se stabiliser sont aussi importantes que les trois premières semaines du traitement : elles constituent pour l'organisme le moyen de s'adapter à son nouvel état de santé, de l'accepter, de le vivre comme un état normal.

Les douleurs, les souffrances, les troubles fonctionnels installés depuis des années, même s'ils « disparaissent » grâce au traitement, laissent des traces, des empreintes, des « racines » qu'il faut éliminer pour que, dès le premier traumatisme, même minime, ils ne reviennent pas. Ces trois semaines ne demandent pas d'effort particulier. Continuer, à un rythme si acceptable qu'il en devient naturel, un mode de vie dont on ressent jour après jour les bienfaits, procure un tel bien-être que ceux qui ont l'intelligence de l'apprécier ne veulent pas ensuite y renoncer. Ceux-là sont sur la bonne voie et, pour avoir renoué avec leur corps un vrai dialogue, le savent et le ressentent.

Ce retour à l'intégrité physique se traduit, au plan biologique, par la reconquête de l'équilibre naturel fondamental. Il libère l'esprit des contraintes de la chair qui, jusque-là, restreignaient sa liberté.

Désormais, l'intelligence, la volonté, le bon sens, peuvent s'exercer à plein et sans contrainte. Cette renaissance se traduira par ce qu'on ressentira peut-être comme une explosion, mais qui n'est que l'expression retrouvée de l'ensemble de ses facultés. Alors reviendront aussi la bonne humeur perdue, le goût de l'ambition, l'envie d'entreprendre, la vraie maturité qui est de s'accepter tel que l'on est.

Au bout de ces trois semaines, vous êtes suffisamment fort et suffisamment libre pour choisir « votre » traitement, votre mode de vie, ce qui est bon pour vous et ce qui ne l'est pas.

NEUF MOIS POUR SE CONSOLIDER

Au bout de six semaines on va bien, on se sent bien, on est bien. L'important est alors de ne plus jamais rechuter. On a extrait le mal ; il faut encore en extraire les racines. Pour cela, il faut désamorcer les syndromes anciens, arracher de nos cellules la mémoire des troubles afin qu'à la moindre difficulté elles n'aient plus les moyens de les reproduire.

Pendant neuf mois, le temps de renaître à soi-même, il faut rester vigilant. Scruter les réactions de son corps et de son moral, sentir le « coup » de fatigue ou de déprime au moment même où il apparaît, pour répondre aussitôt avec les mêmes armes : respiration, relaxation, alimentation, endurance.

Chacun, à ce stade, est suffisamment armé pour savoir, sans se tromper, quand et comment y avoir recours, sans médecin, sans ordonnance. Jusqu'au jour où, devenu à vous-même votre seul et meilleur thérapeute, vous sentirez que vous êtes, définitivement, sorti d'affaire.

Vous serez ensuite tenté, parfois, de faire des écarts. Peut-être la vie vous y contraindra-t-elle. Surmenage, choc affectif, stress en tous genres, accidents, etc., auront moins d'importance si votre organisme a retrouvé ses systèmes de défense. Ils s'amortiront d'autant mieux et d'autant plus vite que vous saurez, le temps d'y faire face, vous armer.

Pourquoi neuf mois ? Parce que c'est le temps d'une naissance, de la formation d'un être humain, le temps biologique pour se construire et, l'expérience le démontre, se reconstruire.

5.

TROUBLES FONCTIONNELS LES TRAITEMENTS SPÉCIFIQUES

L'angoisse – L'anxiété – La peur
La nervosité – L'irritabilité
La fatigue – La déprime
L'insomnie
Les problèmes de poids
La timidité – Le blocage – L'hyper-émotivité

Ce traitement de base est, je l'ai dit, valable pour tous. Il doit vous rendre santé et équilibre, quels que soient votre âge et l'état général dans lequel vous vous trouvez.

Mais désordres psychologiques et physiques provoquent des dysfonctionnements importants, générateurs de troubles fonctionnels qui, peu à peu, s'installent, s'aggravent et deviennent chroniques. Ils nécessitent alors un traitement rigoureux qui vient s'associer au traitement de base.

Les traitements particuliers ne se substituent jamais au traitement de base. Ils le complètent dans les cas que nous avons étudiés et qui représentent les troubles les plus largements répandus :

- **Angoisse, anxiété, peur**
- **Nervosité, irritabilité**
- **Fatigue, déprime**
- **Insomnie**
- **Problème de poids**
- **Timidité, blocage, hyper-émotivité.**

Ce sont ces troubles fonctionnels qui, eux-mêmes, provoquent les maux de dos, de ventre, de tête, dont se plaignent 99 % de nos patients.

Ces traitements ne durent que six semaines :

– Trois semaines de cure intensive;

– Trois semaines d'adaptation et de remise en forme.

Six semaines dans une vie pour retrouver la santé et la garder, ce n'est pas beaucoup. Pensez-y!

L'ANGOISSE – L'ANXIÉTÉ – LA PEUR

Pour les psychologues, l'angoisse, l'anxiété, la peur, sont de natures différentes. Pour ceux qui les éprouvent sans être vraiment malades, souvent ils se mélangent, l'une alternant avec l'autre, les symptômes se ressemblant parfois au point que l'on ne sait plus quel nom leur donner. Et d'ailleurs, quelle importance ? De tous les troubles fonctionnels, angoisse, anxiété et peur sont certainement parmi les plus pénibles à supporter.

Malaise sourd, sentiment d'insécurité sans motif réel, on éprouve par moment le sentiment d'un danger imminent d'autant plus effrayant que l'on ne peut l'identifier.

L'angoisse – forme plus profonde, plus grave que l'anxiété – est, selon le dictionnaire, une « peur intense accompagnée de symptômes neuro-végétatifs caractéristiques (spasmes, dyspnée, tachycardie, sudation, etc.). Cet état détruit l'individu et anéantit chez lui toute volonté de pouvoir et d'action. »

Cette pathologie est ainsi, à l'évidence, celle où troubles psychiques et malaises physiques sont le plus indissolublement liés.

■ Les symptômes

– Difficulté à respirer, gêne, oppression, on a une « boule dans la poitrine » ;

– Besoin intense de boire de l'alcool, de fumer, de prendre des médicaments et de se réfugier dans les

« paradis artificiels »; on court de médecin en médecin, ou on pratique l'automédication;

– Difficultés sexuelles;
– Tremblements;
– Boulimie;
– Sensation de froid aux extrémités;
– Humeur morose et surtout changeante, cyclothymie;
– Difficulté à s'endormir, ou à se rendormir quand on se réveille brutalement;
– Coups de pompe, faiblesse après les crises;
– Rougeurs ou pâleurs soudaines;
– Sentiment constant d'infériorité, on a peur de tout, on doute de soi;
– Agressivité, violence ou, au contraire, asthénie.

■ Les causes

• **Des traumatismes de l'enfance** : angoisse, anxiété, peur de la vie et de l'avenir ont toujours une origine dans l'enfance. Elles sont caractéristiques d'un manque de maturité dû à une enfance surprotégée (enfants trop gâtés, trop couvés) ou, au contraire, malheureuse (enfants maltraités, peu ou pas aimés, incompris).

• **Un conflit intérieur** : conflit entre ses pulsions sexuelles et la morale ou la société, par exemple.

• **Une situation conflictuelle** : échec professionnel ou chômage, contrôle fiscal, problème grave avec un enfant.

• **Hostilité refoulée** : lorsqu'on subit une domination

sans oser se révolter, oppression par son conjoint ou par un supérieur, par exemple.

• **Difficulté à se concentrer,** à analyser, à aller au fond des choses.

• **Incapacité à se montrer tel que l'on est :** on fait semblant d'être riche alors qu'on ne l'est pas, fort alors qu'on est faible, etc.

• **Situations mal assumées :** une promotion importante, valorisante en apparence, peut impliquer un surcroît de responsabilité, vécu, en réalité, comme angoissant. De même le surmenage, le défi professionnel permanent, créent des conflits intérieurs générateurs d'anxiété.

La cause réelle est souvent occultée (on refuse de comprendre la vraie raison), et on traduit son malaise en phobie (peur du noir, de la foule, de la mort, etc.) ou en obsession, de la maladie notamment. Le sujet épie le moindre bobo, la plus normale des analyses, en croyant qu'il a un cancer, une maladie cardiaque, ou n'importe quelle autre pathologie gravissime.

L'angoisse, qui est le plus souvent le paravent d'un conflit psychologique ancien et profond, se traduit par toutes ces peurs irraisonnées d'un malheur totalement imaginaire et contre lesquelles il très difficile de lutter puisque ceux qui en sont la proie semblent inaccessibles aux arguments de bon sens. Pensez, par exemple, à ceux qui ont toujours peur d'un accident, aux personnes âgées auxquelles on confie un enfant et qui l'empêchent de courir ou de faire du vélo parce qu'il pourrait se faire mal, de nager, parce qu'il risquerait de se noyer, etc.

■ Les effets fonctionnels

– A peu près tous les troubles neuro-végétatifs, en particulier colite, constipation, spasmes intestinaux, ballonnements ;

– Spasmophilie ;

– Insomnie ;

– Tachycardie, palpitations, douleurs faisant faussement penser à une angine de poitrine ;

– Ralentissement circulatoire ;

– Crampes ;

– Excès de transpiration, surtout la nuit et à chaque émotion ;

– Éruptions cutanées : eczéma, psoriasis ;

– Maux de dos, souvent fortes douleurs entre les omoplates ;

– Contractures musculaires ;

– Prise ou perte de poids ;

■ Trois semaines pour retrouver son équilibre

■ 1re semaine

POUR L'ESPRIT

● Adaptez le traitement de base

La première semaine, survolez sans trop insister les jeux des cercles et de la balance. Parcourez passé et présent comme en flânant, sans trop vous appesantir. L'angoisse empêche de se concentrer. Plutôt que d'approfondir un problème, tentez d'organiser les pensées qui se cognent dans votre tête, de faire la part des problèmes importants et de ceux qui ne le sont pas.

Pendant cette première semaine, je ne vous conseillerai volontairement aucun effort psychologique : vous ne seriez pas en état de l'assumer. Si vous le pouvez, laissez-vous aller : tous les exercices physiques que je vous indique sont faits pour vous aider à commencer à vous libérer de votre angoisse.

POUR LE CORPS

Le traitement de base est, en lui-même, une thérapie symptomatique des états d'angoisse et d'anxiété auxquels les exercices de respiration et de relaxation sont particulièrement bien adaptés.

Certains peuvent être aménagés pour dénouer plus efficacement les états de très grande tension intérieure.

• Exercice de respiration spécifique pour les anxieux et les angoissés

Allongé sur le dos, jambes détendues, légèrement écartées, respirez deux à trois minutes comme il est indiqué dans le traitement de base en maintenant, entre inspiration et expiration, un palier de cinq à six secondes. C'est en tenant son inspiration que l'on calme son angoisse.

Puis poussez progressivement l'expiration au maximum en contractant et rentrant votre ventre, en enfonçant votre dos dans le sol. Expulsez jusqu'au dernier souffle d'air, basculez votre bassin vers le nombril et restez ainsi cinq à huit secondes.

Relâchez.

Inspirez lentement en gonflant votre ventre, marquez un palier de deux à trois secondes, et recommencez cinq à sept fois.

• Bâillez

Accompagnez vos séances de relaxation de séances de bâillements.

Concentrez votre attention sur votre mâchoire inférieure et sur votre menton. Relâchez toutes les tensions du bas de votre visage et laissez votre bouche s'ouvrir d'elle-même. Inspirez alors par la bouche, lentement, profondément, jusqu'à provoquer un bâillement sans forcer : ça vient tout seul. Prolongez ce bâillement autant que possible et recommencez deux ou trois fois.

- **Criez**

Pendant les crises, n'hésitez pas à parler à haute voix et même à crier pour vous défouler.

Vous pouvez aussi mettre de la musique ou la radio, d'abord fort pendant quelques minutes, puis moins fort. Parlez à haute voix si vous êtes seul, téléphonez à quelqu'un, verbalisez vos angoisses.

Vous devez, pour vous débloquez, provoquer comme un électrochoc naturel, soulever le couvercle.

Cela peut être désagréable : crise de nerfs ou de larmes, tremblements, frissons, colère, agressivité... mais c'est en tout cas salutaire. Rien n'est pire que les fortes tensions inexprimées, les inhibitions, les stress rentrés.

- **Un exercice d'expression : la vibration sonore**

Lorsque la crise sera passée, faites cet exercice qui vous aidera à retrouver votre calme.

Allongé sur le dos, inspirez et expirez régulièrement. A la deuxième expiration, la bouche légèrement ouverte, articulez le son O. Le son vient de la gorge en vibrant, puis descend vers le ventre. La fois suivante, inversez, et faites remonter le son du ventre vers la gorge.

Alternez ainsi pendant deux à trois minutes.

- **Contrôlez-vous**

Une grande partie de votre énergie est dépensée dans une agitation inutile, des tics, des tensions incontrôlées.

Couché dans votre lit, prenez conscience de ces

tensions : mâchoires et poings serrés, corps recroquevillé, soubresauts des bras et des jambes, etc.

Pendant l'expiration, relâchez progressivement tous vos muscles jusqu'à ce que vos membres deviennent lourds. Vous devez avoir l'impression que votre corps pèse et s'enfonce.

● Occupez-vous

Un des moyens de lutter contre l'angoisse est aussi d'occuper son corps à des activités de détente suffisamment prenantes pour vous empêcher de penser à autre chose.

Bricolez, jardinez, lisez, jouez aux cartes ou aux échecs, écoutez de la musique. Peu importe : l'essentiel est que cette activité vous procure à la fois plaisir et dépaysement.

● L'hydrothérapie

A chaque crise d'angoisse ou d'anxiété, buvez tranquillement, assis, un à deux grands verres d'eau ;

Appliquez une serviette chaude et humide sur votre nuque pendant quelques secondes ;

Imbibez d'eau froide votre visage et, si vous le pouvez, votre nuque en la frictionnant énergiquement ;

Laissez couler de l'eau pendant deux à trois minutes sur vos avant-bras et vos mains, tout en respirant profondément ;

Évitez les bains chauds (au-dessus de 37 °), préférez les douches en alternant eau très chaude et eau très froide, trois fois de suite (terminez à l'eau froide) ;

Séchez-vous, puis frictionnez-vous au gant de crin ou à mains nues ;

Vous pouvez prendre, si vous en ressentez le bienfait, 5 à 6 douches par jour.

• Habillez-vous sans vous contraindre

Choisissez des vêtements amples, très confortables, qui ne vous serrent ni à la taille, ni à la poitrine, ni au cou.

Évitez impérativement les gaines, les corsets et, si possible, les ceintures et les cravates.

Les vêtements serrés accentuent le sentiment d'angoisse, on a l'impression d'étouffer, d'être bridé, d'être oppressé. Ils empêchent les côtes de s'ouvrir et ralentissent la fonction respiratoire.

• Sport

Pratiquez un sport d'endurance : marche, vélo, natation ou ski de fond, alternativement en endurance et en résistance, c'est-à-dire pour de courtes périodes.

Par exemple, si vous avez choisi la marche, marchez d'un bon pas pendant dix minutes ou un quart d'heure, faites un sprint d'une centaine de mètres, puis marchez à nouveau, et recommencez.

L'idéal est de pratiquer le sport que vous aurez choisi deux à trois fois par semaine, une vingtaine de minutes maximum, deux à trois heures après les repas.

Ne forcez jamais : vous ne devez ressentir aucune courbature.

• Ou gymnastique douce

Si vous n'avez pas envie – si vous ne vous sentez pas capable – de pratiquer un sport, faites de la gymnastique douce, du taï chi ou du yoga, en veillant à ce que les séances n'excèdent jamais vingt minutes. Si vous êtes timide, si vous éprouvez des scrupules ou une gêne à quitter le cours avant la fin, faites chez vous des étirements pendant les deux premières semaines sans méthode particulière, mais surtout ne forcez pas.

• Massez votre tête

Plusieurs fois pas jour – et systématiquement en cas de crise – massez-vous doucement la tête, le cou, la nuque, le front, le visage.

Assis sur une chaise, les coudes appuyés sur une table, respirez régulièrement et profondément. Pendant trois à cinq minutes, massez votre tête avec les paumes des deux mains, sans frictionner. Puis, avec les bouts des doigts, exercez de légers mouvements de rotation sur place sur les parties du crâne, du visage, du cou où vous sentirez des tensions.

• Faites-vous masser

Si vous le pouvez, faites-vous masser le dos, la poitrine, les pieds, par un thérapeute ou quelqu'un de votre entourage : c'est un massage doux, destiné à vous relaxer ; même un profane ne risque pas de vous faire de mal.

Faites-vous masser à mains nues ou avec une crème relaxante pendant une quinzaine de minutes, doucement mais profondément, sans oublier la région des omoplates.

● Alimentation

Mangez à des heures régulières;

Supprimez les excitants.

Les êtres angoissés sont plus sensibles que les autres aux effets des excitants : tabac, café, thé, alcool.

Vous n'aurez certainement ni l'envie ni le courage de vous arrêter de fumer à ce stade, mais supprimez le café et le thé et diminuez l'alcool. En tout cas, renoncez aux alcools de mauvaise qualité, aux apéritifs et aux digestifs sucrés. Si vous avez besoin d'un peu d'alcool, prenez un peu de whisky sec ou un verre de bon vin.

Prenez une infusion tiède de tilleul, verveine, camomille ou fleur d'oranger après chaque repas;

Supprimez le chewing-gum. Il provoque de l'aérophagie, ce qui aggravera votre sensation d'angoisse.

● Attention aux médicaments qui calment

Une fois leur effet passé, vous plongez encore plus dans le désarroi. Ne les prenez en aucun cas sans avoir consulté un médecin.

Si vous êtes sous traitement médical, parlez à votre médecin de ma méthode. Il suivra votre amélioration et sera en mesure de diminuer vos doses de médicaments – mais ne les réduisez pas sans son accord.

■ 2e semaine

POUR L'ESPRIT

• Apprivoisez les crises

Après un exercice de respiration, assis ou allongé dans un endroit calme, déglutissez (avalez votre salive) plusieurs fois et essayez de vous voir – comme si vous étiez votre propre spectateur – pendant une de vos crises d'angoisse. « Regardez » votre comportement, votre agitation (ou votre paralysie), les gestes que vous avez eu, entendez les mots que vous avez prononcés. Essayez d'être précis, de visualiser vos tics, vos manies, vos mouvements, de reconstituer presque scientifiquement la scène afin de mieux l'apprivoiser. Si vous connaissez mieux vos réactions, il vous sera plus facile plus tard de les prévoir.

POUR LE CORPS

• Exercice de relaxation spécifique pour les anxieux et les angoissés.

1er temps : relaxation

Assis, inspirez très lentement par le nez en gonflant le ventre au maximum et en le poussant devant vous pendant cinq à huit secondes.

Gardez l'air dans vos poumons, sans respirer, pendant cinq à huit secondes.

Expirez très lentement par la bouche, encore pendant cinq à huit secondes.

2e temps : respiration forcée

Toutes les trois respirations, faites une expiration forcée.

Pendant le temps de l'expiration, rentrez votre ventre au maximum en vous aidant de vos deux poings que vous enfoncerez doucement, sans brutalité, tout en vous inclinant vers l'avant.

Faites cet exercice cinq fois de suite en cas de crise.

• Exercice de décontraction

Lorsque vous vous sentez angoissé, prenez à pleines mains un objet (qui peut être tout aussi bien l'accoudoir de votre siège, le volant de votre voiture, le bord de votre bureau, etc.). Serrez-le au maximum pendant l'inspiration, relâchez-le pendant l'expiration.

Faites cet exercice cinq fois de suite.

• Sport et activités physiques

Même programme que la première semaine, mais allongez le temps de chaque séance de vingt à trente minutes.

• Massez votre ventre

Ces massages ne doivent pas être pratiqués pendant la digestion. Faites-les au moins trois heures après un repas.

Assis, en respirant doucement, massez votre ventre avec

la paume de la main, en effleurage dans le sens des aiguilles d'une montre, une quarantaine de fois.

Puis posez vos mains à plat sur votre ventre, gonflez-le et faites de petites vibrations. Expirez.

Recommencez pendant deux à trois minutes.

Faites le même exercice mais, pendant l'expiration, videz l'air de vos poumons et de votre ventre et penchez-vous en avant en enfonçant les doigts de vos mains 3 centimètres en dessous de votre nombril, comme s'ils voulaient toucher votre colonne vertébrale. Recommencez pendant deux à trois minutes.

Vous trouverez des zones spasmées et douloureuses qui devraient disparaître au bout de quelques séances.

Terminez cet exercice par quelques vibrations faites avec les mains posées bien à plat sur le ventre, pendant l'inspiration et l'expiration.

• Massez votre poitrine

Vous trouverez sous vos doigts à la palpation des points douloureux : ce sont les plexus de l'anxiété et de l'angoisse. Ils sont situés en haut du sternum, à la base de l'insertion des clavicules.

Massez ces points du bout des doigts, pendant deux à trois minutes, avec un mouvement de rotation dans le sens des aiguilles d'une montre et en effectuant en même temps de petites vibrations.

Continuez les séances de massage de la première semaine.

● **Hydrothérapie**

Les bains à remous sont très recommandés. Ne dépassez pas cinq à six minutes dans un bain de 36 à 37 °C.

Vous pouvez également prendre chez vous un bain par jour en ajoutant à l'eau deux à trois grosses poignées de sel marin (il agit comme un calmant) ou d'essences de valériane ou de mélisse (qui calment les nerfs et favorisent le sommeil).

Reposez-vous ensuite pendant dix à quinze minutes, allongé au chaud dans un peignoir ou une couverture.

■ 3e semaine

POUR L'ESPRIT

● **Comprenez les raisons de vos crises**

Si vous avez réussi à visualiser une de vos crises d'angoisse par l'exercice du *flash back*, poursuivez en cherchant maintenant les raisons qui ont déclenché cette crise.

Analysez-les. Demandez-vous si elles sont en rapport avec l'importance de vos réactions.

● **Surmontez vos crises**

Si, pendant les deux semaines précédentes, vous avez pratiqué avec succès les exercices de respiration et de relaxation, vous êtes en mesure de mieux vous contrôler. Vous disposez de techniques que vous commencez à maîtriser pour servir de tampon entre la crise qui s'annonce et votre réaction. Servez-vous-en pour diminuer l'ampleur de cette réaction, la décharge d'adrénaline provoquée par le stress sera moins importante. Fixez-vous des objectifs : retenez votre réaction le plus longtemps possible, en augmentant à chaque fois le temps qui sépare le stress du début de la crise.

POUR LE CORPS

● Sport et activités physiques

Même programme que pendant la première et la deuxième semaine en portant la durée de chaque séance à quarante-cinq minutes.

Vous pouvez, si cela vous tente, retourner dans une salle : les séances y durent quarante-cinq minutes et vous ne serez plus gêné.

Les abdominaux sont très recommandés pendant cette troisième semaine (à pratiquer jambes fléchies pour préserver votre dos). Faites une séance de cinq à dix minutes tous les jours, au moins trois heures après le repas.

● Sport d'équipe

Vous pouvez, à partir de la troisième semaine, remplacer une des séances de sport d'endurance par un sport d'équipe qui vous permettra de renouer un dialogue, de retrouver une convivialité, tout en exerçant un certain contrôle sur vous-même. Si vous commencez un match, vous vous sentirez tenu d'aller jusqu'au bout et de faire abstraction de vos états d'âme.

- **Massages, hydrothérapie**

Continuez pendant la troisième semaine, en privilégiant les exercices qui vous ont fait le plus de bien.

- **Conseil : choisissez bien le lieu de vos vacances**

Éviter les bains de foule, les stations surpeuplées, la chaleur trop intense et les bains de soleil entre 11 heures et 17 heures ;

Préférez les endroits calmes, aérés, frais ;

Les meilleurs mois : mai, juin, juillet, septembre, octobre. Les meilleurs lieux : la campagne, la mer (plutôt l'Atlantique que la Méditerranée), la montagne (pas plus de 1 200 mètres d'altitude.)

- **Retrouvez une sexualité épanouie**

L'angoisse et l'anxiété rendent difficile les contacts et les rencontres, créent une inhibition par bien des côtés semblable à celle que ressentent les timides.

Soyez le plus naturel possible, ne trichez pas. Parlez avec votre partenaire, il (ou elle) pourra vous aider. Ne vous arrêtez pas au premier échec.

Si vous ne constatez pas d'amélioration, consultez un médecin sexologue qui pourra, après examen, vous dire si vos difficultés sont d'ordre organique.

La balnéothérapie, les massages de détente et les sports d'endurance sont d'excellents moyens naturels pour retrouver une sexualité épanouie.

LA NERVOSITÉ – L'IRRITABILITÉ

De la mère de famille au businessman, de l'enfant au vieillard, nervosité et irritabilité touchent tout le monde à un moment ou à un autre.

Le problème se pose lorsque, de simple réaction à une contrariété ou à un stress, elles deviennent habituelles, comportement quotidien incontrolé et incontrôlable.

■ Les symptômes

– Humeur changeante passant de l'abattement à l'agitation ;

– Intolérance, quand ceux qui vous entourent n'adoptent pas votre rythme et, de manière générale, aux mille et un aléas de la vie quotidienne ;

– Difficulté à communiquer, susceptibilité ;

– Sentiment d'être harcelé, brimé ;

– Impossibilité apparente de prendre des initiatives ;

– Fatigue et angoisse devant toutes les activités, même les plus banales.

– Contraction de tout l'organisme, respiration bloquée, membres crispés, ongles rongés ;

– Crises de nerfs ou de larmes, sensiblerie ;

– Sommeil agité, cauchemars ;

– Tendance au grignotage ;

– Manque d'appétit, mauvaise haleine, vomissements ;

– Amaigrissement ou prise de poids ;

– Mauvaise mine, yeux cernés, problèmes de peau (acné, démangeaisons, eczéma, etc.) ;

– Transpiration malodorante des pieds, mains moites;
– Intolérance au moindre bruit.

■ Les causes

– Un traumatisme de l'enfance, notamment un choc affectif ou une ambiance traumatisante (conflits, violences, scènes, etc.);

– La fatigue : nervosité et irritabilité accompagnent fatigue excessive et surmenage. Quand l'équilibre de base est perturbé, on passe souvent de l'asthénie à l'excitation;

– Les stress, conflits, tensions, contrariétés;

– Une mauvaise ambiance ou de difficiles conditions de travail, lorsqu'on est harcelé, pressé, soumis à des normes de rendement et de rentabilité, par exemple;

– Les bruits, même légers, mais aussi très graves et très aigus;

– L'abus d'excitants : thé, café, alcool, médicaments;

– Une perturbation de la digestion, cause de fermentation et de putrescence intestinales.

■ Les effets fonctionnels

– Sensation confuse de malaise due à des dérèglements plus ou moins accentués des systèmes (cardiovasculaire, neurovégétatif, nerveux...) ou des organes;

– Palpitations, extrasystoles, douleurs faisant faussement penser à une angine de poitrine, hypotension ou hypertension;

– Troubles digestifs, douleurs de la paroi abdominale,

spasmes intestinaux, ventre gonflé, troubles hépatiques, vésicule atone et douloureuse, constipation et diarrhée en alternance;

- Maux de reins;
- Règles douloureuses ou absence de règles;
- Bouffées de chaleur, vertiges;
- Insomnies la nuit et envie de dormir la journée;
- Crampes musculaires;
- Spasmophilie;
- Frigidité, impuissance, éjaculation précoce.

■ 1re semaine

POUR L'ESPRIT

● Contrôler vos paroles

Surveillez votre langage. Il est courant de proférer, sous le coup de la colère, des mots qui dépassent votre pensée et que l'on regrette ensuite. Cette culpabilité étant elle-même un stress important générateur de troubles fonctionnels, évitez au maximum d'en devenir la proie.

Pour cela, évitez, chaque fois que vous le pourrez, de réagir dans l'instant. Marquez un temps d'arrêt avant de répondre, respirez; le plus souvent deux à trois minutes (parfois moins) suffisent à éviter de se laisser aller à une mauvaise impulsion.

• Évitez les personnes et les situations stressantes

Protégez-vous. Évitez ceux et celles qui ont le don de vous mettre les nerfs en pelote, le pouvoir de vous faire sortir de vous-même, et les situations conflictuelles négatives.

• Évadez-vous

Même pour un quart d'heure, voire pour quelques instants, sortez, marchez, faites le tour du pâté de maison. Il faut savoir couper court, s'extraire pour pouvoir récupérer.

Si vous en avez la possibilité, choisissez le vrai dépaysement. Soyez égoïste pour quelques jours, cessez de vous croire indispensable, comme la mère de famille épuisée qui continue coûte que coûte, de peur de laisser ses enfants et son mari, ou le cadre surmené et persuadé que son entreprise sera en péril s'il s'absente. Évadez-vous quelques jours en choisissant la formule qui vous convient le mieux : club de vacances, ferme de santé, thalassothérapie, cure thermale.

• Sachez choisir vos week-ends et vos vacances

Ne partez pas en week-end si vous devez supporter des encombrements et de longs parcours stressants qui aggraveront votre nervosité.

Choisissez pour vos vacances un endroit calme, aéré, frais. Évitez les bains de foule, les endroits surpeuplés, la chaleur intense et les bains de soleil entre 11 heures et 17 heures. Préférez la montagne ou la campagne, où vous serez au calme pour dormir. Évitez aussi de partir à la mi-août.

● Retrouvez vos rythmes biologiques

Le déséquilibre nerveux entraîné par une rupture continuelle des rythmes naturels est une des sources majeures de nervosité et d'irritabilité. Réapprenez à dormir quand vous avez sommeil, à vous reposer lorsque vous êtes fatigué, à manger si vous avez faim et évitez les stress continuels comme le réveille-matin strident, le téléphone agressif dans votre chambre (installez-le ailleurs avec un répondeur), un agenda trop lourd que vous ne pourrez respecter...

Réveillez-vous un quart d'heure plus tôt, prenez le temps de vous étirer dans votre lit pendant au moins cinq minutes et, pendant votre toilette ou votre petit déjeuner, organisez votre journée.

POUR LE CORPS

● Relaxez-vous

Allongez-vous sur le dos, sur le parquet, un tapis (en laine ou en coton) ou, si vous le pouvez, dans la nature : sur l'herbe, dans le sable chaud, ou sur la terre fraîchement labourée et chauffée au soleil.

Jambes légèrement écartées, bras le long du corps, paumes des mains ouvertes, respirez à fond en contrôlant la durée de vos inspirations et de vos expirations, de façon qu'elles soient toujours régulières et de temps égal.

Sentez votre corps s'alourdir et s'enfoncer dans le sol.

En dehors des séances de relaxation, prenez parfois le temps de regarder autour de vous. Asseyez-vous, écoutez les autres et écoutez-vous parler vous-même pour retrouver le vrai sens de la parole.

• Préférer les matières naturelles

Choisissez des matières naturelles pour vos vêtements (coton, lin, soie), pour vos chaussures (cuir), et pour les draps de votre lit (coton).

Chez vous, préférez les parquets, les moquettes en laine, les carrelages, les revêtements muraux en coton.

Les matières naturelles permettent une meilleure oxygénation de la peau et évitent les phénomènes d'électricité statique qui accentuent la nervosité.

• Hydrothérapie

Passez votre visage et votre nuque à l'eau froide;

Faites couler de l'eau froide dans un évier ou un lavabo et immergez vos mains et vos avant-bras pendant deux à trois minutes; puis faites, pendant deux minutes, un mouvement de balancier avec les bras;

Prenez des douches au moins deux fois par jour, une le matin, une le soir, davantage si possible, et en alternant eau tiède et eau froide pendant cinq à dix minutes.

Si vous en avez la possibilité, prenez un bain bouillonnant à jets doux, de dix minutes maximum, à une température de 38 °C, additionné d'huile de houblon, de valériane ou de mélisse. Respecter ensuite un temps de repos de dix à quinze minutes, au chaud, enveloppé dans un peignoir ou dans une couverture.

L'hydrothérapie a un effet proche de celui de la main du thérapeute. Elle est peu onéreuse, facile à pratiquer et très efficace. Elle procure bien-être, détente, chaleur, et elle calme le système nerveux. Elle assouplit les articulations, chasse les courbatures, les douleurs des muscles et de l'abdomen.

Additionné d'essences et d'algues marines, un bain vous procure de surcroît un sentiment d'évasion.

• Sport : trente minutes par jour

Tous les sports d'endurance fortifient le système cardio-vasculaire, désintoxiquent l'organisme et permettent de rompre avec le rythme stressant de la vie quotidienne.

Marchez, nagez, ou faites du vélo ou du ski de fond tous les jours pendant trente minutes.

Évitez les sports d'équipe et de compétition – tennis, squash –, les gymnastiques intensives – aérobic, musculation –, mais vous pouvez pratiquer une gymnastique douce... ou la relaxation sous le contrôle d'un thérapeute.

Pendant les week-ends, faites des randonnées, de l'escalade (un des meilleurs sports car il fait travailler tous les groupes musculaires et demande une grande concentration), du ski de fond, du golf...

• Les massages

– *Le ventre*

Il est souvent douloureux et spasmé. Libérez-vous de toute contrainte (vêtement ajusté, ceinture, etc.).

Palpez votre ventre pour prendre conscience des tensions, douleurs, crispations, au moins trois heures après le repas.

Massez-vous très doucement, en effleurage dans le sens des aiguilles d'une montre, une quarantaine de fois, trois heures au moins après le repas (voir page 156).

– ***Les mains***

Mobilisez, l'une après l'autre, les articulations des doigts en les faisant bouger, sans forcer, dans tous les sens.

Massez, avec le pouce et le bout des doigts d'une main, la paume, le pouce et les doigts de l'autre main.

– ***Gymnastique pour les mains***

Mains jointes, doigts écartés, appuyez fortement les bouts des doigts les uns contre les autres (dix fois) ; puis, appuyez l'une contre l'autre les paumes des mains, doigts serrés, tout en respirant profondément.

Crochetez vos mains l'une à l'autre, serrez puis tirez fortement en écartant vos coudes sans disjoindre vos doigts. Joignez ensuite vos mains et serrez-les fortement paume contre paume.

Vous pouvez continuer les exercices pendant la deuxième et la troisième semaine.

• Alimentation

Les nerveux sont toujours atteints de troubles de l'assimilation. Leur ventre est spasmé, l'indigestion est chez eux souvent chronique. Ils sont donc particulièrement sensibles aux déséquilibres nutritionnels et certains aliments, agressifs pour la muqueuse intestinale, sont pour eux de véritables poisons.

Je leur conseille de suivre les quelques règles ci-dessous pendant les trois semaines de leur cure d'attaque.

• Évitez

– Tous les épices ;
– Les tomates, les melons, le chou (rouge ou vert), la rhubarbe, les épinards, les poireaux, les artichauts ;
– Les crudités ;
– Le pain frais et la mie de pain ;
– Les fromages fermentés (roquefort, camembert) ;
– Les alcools, surtout avant les repas ;
– Le vin blanc ;
– Le coca-cola, les eaux minérales alcalines (Badoit, Vichy) ;
– Les excès de fruits ou de jus de fruits ;
– La vitamine C après 17 heures (elle aurait une incidence néfaste sur votre sommeil) ;
– Les plats en sauce.

Songez que vous pouvez changer votre caractère par l'alimentation : de même, par exemple, qu'un régime trop carné ou trop épicé rend nerveux et agressif, un régime équilibré vous permettra de retrouver une humeur égale.

• Mangez assis

Rien n'est pire que de manger debout, comme ces mères de famille qui picorent tout en servant leurs enfants ; ou de se lever sans cesse pour répondre au téléphone ou chercher quelque chose.

Passez à table détendu après avoir fait quelques respirations et faites de vos repas un moment de calme.

• Privilégiez

– Les protéines du poisson, des volailles et des viandes blanches, des œufs (de préférence à la coque);

– Les légumes cuits à la vapeur : salade, céleri, haricots verts, carottes...

– Les légumes secs (pour la vitamine B);

– Les aliments riches en magnésium, calcium, phosphore, vitamine B, oligo-éléments;

– Les fromages à pâte cuite : cantal, saint-nectaire, gruyère...

Choisissez des produits de bonne qualité et préparez-les simplement : au court-bouillon, à la vapeur, ou grillés.

• Buvez

Des infusions calmantes (à boire pas trop chaudes), plusieurs fois par jour, en alternant mélisse, camomille, tilleul, marjolaine, valériane, chicorée...

• Mon conseil

Soyez végétarien deux jours par semaine pour alléger votre alimentation et reposer votre système digestif (la viande contient des graisses saturées lourdes à digérer pour les nerveux).

Pendant ces trois semaines, faites du riz, des pâtes et des légumes la base de votre alimentation.

● Attention aux crises d'hypoglycémie

L'hypoglycémie (baisse rapide du taux de sucre dans le sang) provoque d'abord un véritable « coup de pompe »; puis, quand l'adrénaline se déverse dans le sang, une sensation de faim et une excitation nerveuse entraînant irritabilité et agressivité.

Ce processus se produit chez toutes les personnes dont l'alimentation est irrégulière : pas de petit déjeuner le matin, repas sautés ou mal équilibrés et comportant des sucres à assimilation rapide – miel, confitures, croissants, sucreries...

Pour l'éviter :

– ***Au petit déjeuner :***

• Fromage, œuf, poulet ou poisson, jambon, pain grillé, beurre;

• Boisson chaude;

• Un fruit.

– ***Dans la matinée et dans l'après-midi :***

• Un fruit frais ou quelques fruits secs;

• Ou un yoghourt;

• Ou une ou deux tranches de pain complet avec une barre de chocolat noir.

– ***Mangez normalement à midi et le soir.***

● Attention aux médicaments qui calment

Une fois leur effet passé, vous plongez encore plus dans le désarroi. Ne les prenez en aucun cas sans avoir consulté un médecin.

Si vous êtes sous traitement médical, parlez à votre médecin de ma méthode. Il suivra votre amélioration et sera en mesure de diminuer vos doses de médicaments – mais ne les réduisez pas sans son accord.

■ 2e semaine

POUR L'ESPRIT

● Aimez le travail bien fait

C'est une satisfaction personnelle, une source de valorisation et de fierté de soi-même, donc d'apaisement du système nerveux. Si vous n'aimez pas votre travail mais si vous n'avez pas la possibilité d'en changer, apprenez à le supporter, cessez de le dénigrer, soyez philosophe. Et si, au bureau, les relations sont tendues ou sinistres, patientez en pensant aux moments de détente qui vous attendent ailleurs.

● Concentrez-vous

En toute occasion, essayez de ne penser qu'à ce que vous faites. A table, concentrez-vous sur ce que vous mangez. Au travail ou à la maison, ne faites qu'une chose à la fois.

Quand vous vous détendez, faites-le pleinement. Se disperser est source de fatigue et d'anxiété génératrices de troubles du système nerveux.

- **Planifiez vos journées**

Prenez, chaque soir, dix minutes pour faire votre emploi du temps du lendemain et ainsi éviter tensions, stress et bousculades inutiles.

Apprenez à arriver dix minutes en avance à vos rendez-vous. Vous aurez ainsi le temps de mieux les préparer et serez plus à l'aise pour vous exprimer.

De manière générale, les retards et la désorganisation, quelle que soit leur cause, sont une des grandes sources de stress de la vie moderne.

- **Écoutez de la musique**

Un bon disque, une musique douce que vous aimez, auront un effet apaisant sur votre système nerveux.

- **Relisez**

Les passages d'un livre, d'un poème, qui vous ont touché, fait rire ou sourire.

- **Occupez vos mains**

Tous les travaux manuels sont source de détente, une manière de se libérer des tensions nerveuses.

Choisissez une activité qui ne vous demande pas une trop grande concentration : peinture, dessin, tricot, broderie, jardinage... Ayez sur vous un objet que vous pourrez, en cas d'énervement, serrer ou triturer.

POUR LE CORPS

• Exercice de détente

Allongez-vous sur le sol, jambes tendues, bras le long du corps, les mains à plat, paumes en l'air.

Respirez en gonflant le ventre puis la poitrine pendant cinq à huit secondes. Gardez l'air dans vos poumons pendant trois à quatre secondes, puis expirez doucement par le nez pendant cinq à huit secondes (plus si vous pouvez), en rentrant le ventre au maximum. Serrez fortement les fessiers et enfonçez tout votre corps dans le sol.

Recommencez sept fois.

• Cures thermales, fermes de santé

Certaines stations sont spécialisées dans le traitement des affections du système nerveux. Elles sont souvent bénéfiques, et mieux supportées que la thalassothérapie, car le climat marin est trop tonique pour les nerveux.

La cure dure en général vingt et un jours.

Choisissez-la de préférence à la campagne, au bord d'un lac, et à basse altitude (1 200 mètres maximum).

Dans les fermes de santé, vous apprendrez à vous détendre et à gérer votre santé. Elles sont généralement situées dans des endroits calmes et reposants.

• Hydrothérapie

– ***Sauna ou hammam.***

Ils effacent la fatigue et désintoxiquent l'organisme. Buvez un grand verre d'eau ou une infusion et prenez une douche avant. Ne forcez pas. Restez deux fois cinq minutes au sauna (un peu plus à chaque fois au hammam) et prenez une douche tiède entre les deux. A faire une ou deux fois par semaine.

Finissez par une douche ou un bain froid.

Reposez-vous ensuite pendant quinze minutes au chaud.

– ***Douche***

Prenez plusieurs fois par jour une douche tiède, en finissant par une minute à l'eau froide. Remplissez à moitié la baignoire d'eau froide. Après la douche, plongez-vous dedans de trente secondes à une minute.

– ***Bain bouillonnant***

Faites des bains bouillonnants à jets doux (quinze minutes environ) à 38 °C. Respectez ensuite un repos de vingt minutes.

Dans tous les cas, terminez par une friction énergique au gant de crin ou à mains nues.

● Sport : quarante-cinq minutes par jour

Même programme que la première semaine, mais portez la durée de vos séances quotidiennes de trente à quarante-cinq minutes.

● Massages

Faites-vous masser le visage, la tête et le cou, par un thérapeute ou une esthéticienne. Ces massages doivent être doux et vous détendre. Vous pouvez également les pratiquer vous-même.

• Massez votre visage

Pendant dix à vingt minutes, une ou deux fois par jour. Du bout des doigts, massez doucement votre front, vos pommettes, vos maxillaires, votre menton, le tour de votre bouche, le tour et les lobes de vos oreilles, votre cou.

Vous trouverez, en profondeur, des points douloureux que vous traiterez doucement (il peut leur falloir quelques semaines pour disparaître).

Ce massage déstressant vous procurera un bien-être immédiat. De surcroît, il aide à la régénération de la peau et atténue les rides.

• Massez votre tête

Massez-vous doucement la tête, la gorge, la nuque, le front, le visage. Assis sur une chaise, les coudes appuyés sur une table, respirez régulièrement et profondément. Pendant trois à cinq minutes, massez votre tête avec les paumes des deux mains, sans frictionner. Puis, avec les bouts des doigts, exercez de légers mouvements de rotation sur les parties du crâne, du visage et du cou où vous sentirez des tensions.

■ 3e semaine

POUR L'ESPRIT

• Profitez de la vie

Profitez de l'instant présent, sachez discerner le bon côté des choses et savourer pleinement les bons moments. Ouvrez-vous aux autres, voyez vos amis surtout s'ils sont gais, organisez des rencontres, des dîners, des sorties...

• Faites-vous plaisir

Un film agréable, un bon repas, une activité divertissante, un moment de détente, vous feront plus de bien que n'importe quel médicament.

Développez celui de nos sens que nous avons le plus perdu : l'odorat. Si vous le voulez, vous pouvez installer chez vous un diffuseur d'essence calmante – eucalyptus, sapin ou pin.

• Riez

On ne répétera jamais assez que le rire a d'innombrables vertus. Sachez sourire des événements, des situations, et aussi de vous-même.

• Soyez naturel

Vouloir paraître ce que l'on n'est pas, forcer sa nature, mettre la barre trop haut, crée un stress permanent. Mais se dévaloriser engendre une insupportable frustration. Tentez de vous connaître assez pour vous fixer des objectifs en accord avec votre personnalité et vous sentir à l'aise, là où vous êtes et tel que vous êtes.

• Séduisez

Ne bâclez pas vos relations avec les autres, et surtout avec la personne que vous aimez ou souhaitez séduire. Réapprenez la patience, la tendresse, les caresses. Faites attention à votre apparence.

POUR LE CORPS

• Un exercice de ma méthode de l'imagination

Debout, jambes en demi-flexion, basculez le bassin, pubis vers le haut, dos droit et souple, bras tendus vers l'avant, parallèles au sol, poings serrés. Inspirez en imaginant que vous tirez deux charges très lourdes vers vous, coudes au corps. Expirez en imaginant que vous les repoussez vers l'avant avec les paumes des mains ouvertes;

Rentrez le ventre, arrondissez le dos comme si vous poussiez un mur imaginaire;

A faire cinq fois de suite, plusieurs fois par jour.

• Hydrothérapie

– ***Douches***

Même programme que les précédentes semaines.

– ***Bains bouillonnants***

Prenez des bains à jets moyens, à la température de 38 °C, d'une durée de vingt minutes maximum, suivis d'un repos de vingt minutes au chaud.

Dans votre bain ou sous votre douche, vous pouvez faire des auto-massages de la première et de la deuxième semaine pour allier leurs bienfaits à l'action équilibrante et calmante de l'eau.

• Sport

Pratiquez une heure par jour un sport d'endurance de votre choix : marche, vélo, varappe, ski de fond, etc.

• Massez vos pieds

Assis confortablement, le dos appuyé à un mur ou au dossier d'un fauteuil, une jambe fléchie, la cheville reposant sur une serviette glissée sur la cuisse de l'autre jambe, prendre le pied à pleines mains (celles-ci seront enduites de talc ou d'une crème ou huile relaxante) et mobiliser l'articulation de la cheville dans tous les sens : flexion, extension, rotation. Puis cherchez et massez les poings douloureux de toute la voûte plantaire avec vos pouces. Masser les doigts du pied et mobilisez toutes les articulations de celui-ci. Quinze minutes environ pour chaque pied.

• Sexualité

Les sujets nerveux ont tendance à avoir des rapports trop rapides, peu épanouissants pour eux et pour leur partenaire. Cette frustration augmente leur nervosité et leur irritabilité. Ils vont souvent de partenaire en partenaire sans trouver de réel plaisir.

Ne bâclez pas l'acte sexuel, préparez-le, faites-en une fête, alors vous parviendrez à l'apprécier.

LA FATIGUE – LA DÉPRIME

La fatigue est un des maux les plus répandus aujourd'hui. Peut-être parce qu'on regroupe sous ce nom toute une série de symptômes d'origines multiples et parfois sans rapport entre eux.

• La fatigue physique

C'est la plus connue, la plus identifiable, la plus simple aussi : manque de sommeil ou excès d'activité physique, on en fait trop, on est épuisé, on a mal partout, on se traîne, mais cette fatigue cède au repos, à une ou deux bonnes nuits de sommeil réparateur, à quelques jours de vacances.

Cette fatigue-là ne pose évidemment aucun problème. Soyez néanmoins vigilant : une fatigue chronique se transforme en surmenage et, si vous ne vous forcez pas à récupérer, vous entrerez dans un cycle infernal dont il vous sera difficile de sortir.

• La fatigue-symptôme

Elle est importante car elle cache une maladie et requiert le recours à un médecin qui soignera la pathologie, cause de la fatigue, et non la fatigue elle-même. Le plus souvent, on se rend compte que cette fatigue qu'on éprouve est excessive par rapport à la vie que l'on mène, et elle s'accompagne d'autres signes précurseurs de maladie. Dans tous les cas, si vous ressentez une fatigue importante et anormale, n'hésitez pas à consulter votre généraliste.

• La fatigue morale

C'est la fatigue psychologique, celle qui dépend de nos états d'âme et de notre mode de vie plus que de notre corps. Elle peut être un état (l'asthénie) ou venir par à-coups (chez les hyperactifs). Elle touche tout le monde, dans toutes les couches sociales. On la néglige souvent et on a tort : elle s'accompagne souvent d'une déprime qui peut devenir une vraie dépression.

■ Les symptômes

– Manque d'enthousiasme, lassitude. On n'a plus goût à rien, on se traîne; on se sent plus fatigué au lever qu'au coucher; on perd l'envie de rire et de s'amuser;

– Manque de volonté;

– Manque de concentration, perte des réflexes; hypersensibilité. On ne supporte plus rien, surtout le bruit;

– Trous de mémoire;

– Absence de désir sexuel;

– Incapacité à agir sans stimulants ou excitants (tabac, café, alcool, médicaments), ce qui peut conduire à une hyperactivité et accroît encore la fatigue;

– Tendance à être désabusé, exacerbation de l'esprit critique;

– Pessimisme, morosité, mélancolie;

– Mal de vivre, impression de solitude;

– Manque d'appétit.

Les causes

– Le manque de passion – notamment dans son travail –, l'ennui, l'inactivité, la monotonie, le travail répétitif à la chaîne;

– Un choc affectif : rupture, décès d'un proche, accident par exemple;

– Un choc physique : accident, traumatisme, régime amaigrissant trop carencé;

– La solitude, le manque de tendresse ou de liens affectifs, l'insatisfaction, la frustration;

– Le bruit, les trépidations;

– Les conflits : à l'intérieur d'un couple, entre parents et enfants; ou les problèmes relationnels avec ses amis ou ses collègues, par exemple;

– Le stress, les tensions, les soucis, petits ou grands, mais répétés, de la vie quotidienne. Il est évidemment difficile de les citer tant il en existe et tant chacun a les siens;

– L'excès de responsabilités, l'inquiétude;

– L'excès d'activité intellectuelle sans activité physique (c'est la fatigue des étudiants en période d'examens, par exemple);

– De manière générale, des conditions de vie antinaturelles – manque de sommeil, d'oxygène, etc. – qui exigent un effort important de l'organisme pour s'adapter aux déséquilibres;

– Le cap de la quarantaine : les femmes ayant subi pendant de nombreuses années une fatigue permanente peuvent souffrir, après quarante ans, d'un dérèglement du métabolisme, d'un vieillissement prématuré de l'organisme, et les troubles de la ménopause peuvent apparaître chez elles cinq à dix ans avant l'âge normal. Les symptômes de cette pré-ménopause et ses effets fonctionnels seront accentués : angoisse, bouffées de chaleur, pouvant entraîner une dépression plus ou moins grave. Si vous approchez de la ménopause, soyez donc particulièrement vigilante.

Les hommes de quarante-cinq à cinquante ans ne sont pas épargnés et eux aussi doivent faire attention de ne pas trop se surmener à cette période délicate de leur vie.

Bien préparé, bien passé, le cap de la quarantaine ouvre une vieillesse sans problèmes.

■ Les effets fonctionnels

– Déperdition d'énergie entraînant une lassitude physique et morale permanente : on est mal du lever au coucher ; perte du souffle ;

– Troubles neuro-végétatifs : ralentissement de la digestion, flatulences intestinales, constipation, diarrhée, fermentations, ballonnements, colite ;

– Rhumatismes ;

– Maux de dos : douleurs dans le haut du dos, à la nuque, dans la région lombaire, points douloureux très localisés entre les omoplates (on les appelle d'ailleurs les points de fatigue) ;

– Maux de tête ;

– Troubles de la vue ;

– Impuissance et frigidité ;

– Hypersensibilité aux microbes : on « attrape tout ce qui passe » ;

– Ralentissement de la circulation lymphatique qui peut entraîner à la longue des troubles cardio-vasculaires :

hypo ou hypertension selon les individus, palpitations, extrasystoles;

– Jambes lourdes et gonflées, rhumatismes;
– « Coups de pompe » et crises d'insomnie irréguliers;
– Transpiration excessive et malodorante.

■ Trois semaines pour retrouver son équilibre

■ 1re semaine

POUR L'ESPRIT

● Faites-vous aider

Confiez-vous à quelqu'un; un ami, un proche ou un thérapeute. Parlez, exprimez vos problèmes et ce que vous ressentez. On ne peut tout régler soi-même et, dans cet état, vous n'êtes plus en mesure de voir les choses objectivement. Vous risquez aussi d'avoir tendance à « rentrer dans votre coquille », à vous replier sur vous-même, ce qui ne peut qu'aggraver la situation.

Essayez de mieux contrôler vos réactions et, pour cela, regardez-les en face. Tentez de réagir moins souvent sans réfléchir, sous le coup d'une impulsion, au risque de perdre beaucoup de votre énergie.

● Relâchez-vous

Pendant cette première semaine, ne songez qu'à vous détendre. Évitez les stress au maximum et, surtout, ne faites pas d'effort : pas de sport, pas de gymnastique, même douce. Votre corps ne le supporterait pas et vous risqueriez une tendinite, un claquage, une élongation, des crampes...

Ces sept jours sont une semaine de préparation : laissez-vous aller, physiquement et moralement ; sentez-vous flou, c'est sans importance.

• Lâchez les commandes

Ne gaspillez pas vos forces. Si vous êtes fatigué, énervé, si vous ne tenez pas en place, vous dépensez une énergie inutile et vous accroissez encore votre fatigue. Tentez, pendant cette première semaine, de vivre au contraire au ralenti, à l'économie. Faites des tâches que vous connaissez, des choses habituelles qui ne vous demandent aucun effort particulier d'adaptation. Renoncez à commander, à diriger, si vous le pouvez. Mettez-vous en « pilotage automatique » chaque fois que vous en aurez besoin.

• Ménagez-vous des temps de repos

Faites des pauses. Trouvez des moments pour ne rien faire, laisser votre esprit vagabonder, rêver, relâcher toute attention et toute concentration.

• Dormez

Sans sommeil, le cerveau et le corps s'intoxiquent jusqu'à épuisement. Couchez-vous tôt, dès que vous ressentez la moindre envie de dormir, même si vous n'avez pas encore dîné, même si « ce n'est pas l'heure ».

• Recherchez des distractions apaisantes

Toute votre activité extra-professionnelle doit concourir à vous détendre et à vous reposer. Soyez particulièrement vigilant pendant les week-ends. Évitez de partir sur des parcours embouteillés et renoncez aux excès en tous genres : bricolage, jardinage, sport, tâches ménagères, gueuletons, sorties et... prouesses sexuelles.

POUR LE CORPS

• Alimentation

Il est essentiel de comprendre que, si la nourriture peut être une drogue, elle peut être aussi un médicament. Il faut donc l'utiliser comme tel, savoir faire, pendant quelques jours, la cure la plus adaptée à son propre cas. Le plus souvent, trois semaines suffisent pour décrasser l'organisme, éliminer les déchets, rétablir les circuits d'énergie et la fonction vitale d'assimilation-élimination.

– ***Une journée de semi-jeûne :***

Le jour où votre activité professionnelle n'est pas débordante (ou pendant le week-end), faites une cure de décrassage, c'est-à-dire une journée de semi-jeûne.

• le matin : un fruit frais (orange, pamplemousse, pomme, raisin ou kiwi) ou un jus de fruits ou de légumes frais, plus trois noisettes, trois amandes ;

• A midi et le soir : bouillon de légumes (vous pouvez manger les légumes) ;

Toute la journée, hydratez-vous (voir le régime de base).

– ***Les autres jours :***

Buvez beaucoup d'eau tout au long de la journée.

Prenez une alimentation équilibrée et surtout une ration suffisante pour votre activité physique. Ce n'est pas le moment de commencer ou de poursuivre un régime amaigrissant.

– ***Évitez :***

• Tous les poisons indiqués dans le régime de base;

• Le café et le thé du matin : ils vous donneront un coup de fouet pendant une heure mais vous vous sentirez à nouveau mal si vous n'en reprenez pas un autre. Si supprimer totalement le café est trop difficile pour vous, prenez-le après le déjeuner : il peut parfois aider à la digestion.

Sachez néanmoins que le thé et le café à haute dose irritent la paroi stomacale et provoquent des gastrites qui aggravent votre état de fatigue.

• Le fromage et les fruits en fin de repas (ils sont alors très lourds à digérer);

• Le miel en même temps que d'autres aliments (yoghourt, fruits, pain et beurre);

• Les aliments trop salés;

• Les aliments raffinés, dépourvus d'oligo-éléments et de sels minéraux.

– ***Attention aux médicaments :***

Ne prenez ni médicaments ni vitamines sans avis médical.

– ***Recherchez :***

• Les aliments les plus frais possible;

• Les végétaux très verts : mâche, cresson, persil, etc. (pour le magnésium et la vitamine C) ;

• Les fruits contenant de la vitamine C : oranges, citrons, fraises ; mais ne les mangez pas après 17 heures ;

• Les aliments vivants : fruits de mer (pour la vitamine B 12 et les oligo-éléments) ;

• Les fruits oléagineux : avocats, olives, noisettes, amandes (pour le magnésium, le calcium, le potassium) ;

• Les poissons (pour le phosphore, l'iode, le magnésium, la vitamine B, le fer, le cuivre) ;

• Les œufs (pour les vitamines A et B et le fer) ;

• Le germe de blé d'origine biologique : une demi à une cuillère à soupe au petit déjeuner (pour la vitamine B, les oligo-éléments, le phosphore, le magnésium et le calcium) ;

• Le pollen en cure de un à trois mois, le matin à jeun en mastiquant bien (pour les vitamines A, E, B, C) ;

• Les infusions tièdes de thym et de romarin ;

● Hydrothérapie

Le soir, en rentrant chez vous, débarrassez-vous des vêtements que vous avez portés dans la journée. Prenez une douche tiède ou un bain pas trop chaud (dix minutes maximum), séchez-vous bien ; reposez-vous dix minutes puis habillez-vous confortablement de vêtements en matière naturelle.

Prenez soin de ne pas prendre froid.

● Recherchez l'air, l'ombre, les odeurs

Votre peau a besoin de s'oxygéner. Le plus souvent possible, évadez-vous : en ville à la terrasse d'un café ou dans un jardin, à la campagne si vous en avez la possibilité. Promenez-vous. Protégez vos yeux du soleil par des lunettes, mettez un chapeau s'il le faut, couchez-vous dans l'herbe ou sur le sable et renouez avec la nature.

• Les massages

L'idéal est de vous faire masser deux fois par semaine. Faites-vous prendre en charge par un bon thérapeute qui s'occupera de vous personnellement et vous massera manuellement (pas de séance abandonné seul sur une machine ou sous une lampe à infra-rouges).

Le massage ne dépassera pas vingt à trente minutes. S'il est trop prolongé, il rétablira de façon trop intense les circuits énergétiques de votre corps, accentuant encore votre fatigue. Il sera doux pour ne pas être agressif ni traumatisant, et pour ne pas risquer de déclencher une inflammation (torticolis, maux de tête, lombalgie...).

On privilégiera les massages du dos, du ventre et de la région du sternum en évitant les frictions. S'il est bien pratiqué, ce massage vous laissera peut-être sur votre faim, comme si le thérapeute vous avait à peine touché. Pourtant, vous risquez de vous sentir un peu plus fatigué dans les heures qui suivent et le lendemain : il est important de pouvoir vous reposer dans la demi-heure qui suit. Le surlendemain, en revanche, vous devrez ressentir une amélioration.

■ 2e semaine

POUR L'ESPRIT

- **Renouez le contact**

Sortez du flou, de la demi-hibernation volontaire de la première semaine, regardez autour de vous, écoutez, commencez à exercer votre lucidité pour analyser la situation, prenez du recul.

Ne forcez pas : dans les moments de fatigue, cherchez une détente (promenade, télévision, cinéma).

POUR LE CORPS

- **Ni sport, ni gymnastique**

On croit souvent que sport et gymnastique sont un excellent moyen de mise ou de remise en forme. C'est vrai... Sauf lorsqu'on est vraiment fatigué. En ce cas, on se force et cette contrainte accentue la fatigue physique et psychologique. Même si vous en avez la volonté, réfléchissez : votre seul but doit être de chasser votre fatigue et, pour cela, il vous faut du bon sens et de la patience.

Quand on est fatigué, les muscles sont noués, tendus, parfois tétanisés. Durcis, ils perdent de l'amplitude. Avant de les solliciter, il est indispensable de les dénouer, de leur rendre leur souplesse et leur fonction physiologique normale.

- **Étirez-vous**

Les étirements ont pour but de dénouer le corps, de le défatiguer, de désankyloser les articulations. Ils favorisent la circulation des énergies internes, accélèrent la circulation sanguine et assurent, ainsi, une meilleure élimination des déchets qui active le décrassage des organes.

Ne cherchez pas d'exercices définis ni de méthode. Étirez-vous comme il vous plaira, doucement, instinctivement, aussi longtemps que vous aurez le sentiment que cela vous fait du bien.

- **Marchez**

Marchez pendant vingt à trente minutes tous les jours, avec de bonnes chaussures, laissez vos bras libres, ne vous couvrez pas trop.

- **Hydrothérapie**

Les bienfaits de l'eau ne sont plus à démontrer. En cas d'intense fatigue, ils sont indispensables.

Chez vous, prenez deux à trois douches chaudes par jour, que vous terminerez en vous aspergeant pendant trente secondes les extrémités à l'eau froide.

Si vous n'aimez pas les douches, remplacez-les par deux bains de dix minutes : un le matin, un le soir, à température normale (37 °C) additionnés de sel marin ou d'huile essentielle relaxante et calmante (aiguilles de sapin, lavande, romarin). Si vous avez la chance de posséder une baignoire à remous comme il en existe dans le commerce pour les particuliers, sachez que ces bains sont excellents pour défatiguer votre organisme et peuvent, dans bien des cas, avoir le même effet qu'un massage, chasser ou soulager les douleurs de la nuque, du dos et des articulations, et détendre vos muscles tétanisés. Respectez impérativement un temps de repos au moins égal à la durée du bain, que vous prendrez enveloppé bien au chaud dans une couverture.

• Prenez des bains d'air et de soleil

S'exposer au soleil demande une certaine adaptation. Vos premières expositions se feront le plus déshabillé possible et en bougeant.

Ce bain de soleil est extrêmement vitalisant. Prenez soin d'enduire votre corps d'une crème protectrice et de ne jamais vous exposer les premières fois plus de quinze à vingt minutes, que vous pousserez progressivement à trente minutes puis plus.

Dans tous les cas, tentez d'apprécier justement votre propre tolérance au soleil.

• Les massages

Faites-vous masser ou massez-vous vous-même la tête pendant dix à quinze minutes, suivant la méthode que je vous ai expliquée (voir page 176).

En alternance (et non pendant la même séance), pratiquez des massages des pieds (quinze minutes chacun) : assis confortablement, le dos appuyé à un mur ou à un dossier de fauteuil, une jambe fléchie, la cheville reposant sur une serviette glissée sur la cuisse de l'autre jambe, prendre le pied à pleines mains (celles-ci seront enduites de talc ou d'une crème ou huile relaxante) et mobiliser l'articulation de la cheville dans tous les sens (flexion, extension, rotation). Puis chercher et masser les points douloureux de toute la voûte plantaire avec vos pouces. Masser les doigts de pied et mobiliser toutes les articulations de celui-ci.

- **Alimentation**

Même régime que pendant la première semaine.

■ 3e semaine

POUR L'ESPRIT

- **Commencez à modifier votre comportement**

Cessez de parler de vos problèmes, réfléchissez, cherchez-en vous-même les solutions. Vous commencez à être en mesure de comprendre clairement ce qui vous arrive, à ne plus être aussi sensible, vulnérable, enclin au paroxysme d'énervement ou de dégoût auquel votre excès de fatigue vous amenait inévitablement.

Cessez de ressasser, en pensées ou en paroles, vos problèmes et vos soucis. Cherchez à comprendre et adoptez une attitude positive et dynamique. Vous avez reconquis les moyens physiques et psychologiques d'y parvenir. Vous n'avez plus de raisons de subir, vous devez maintenant réagir.

● Sortez

Recommencez à sortir, mais choisissez vos sorties avec soin : vous êtes encore en convalescence.

Voyez ceux de vos amis qui vont bien : vous n'êtes pas en mesure de vous charger des problèmes des autres, ni de consoler ceux qui ont besoin d'aide.

Si vous allez au spectacle, préférez-le drôle ou enrichissant, en tout cas ni violent ni stressant.

POUR LE CORPS

● Attaquez le sport

Choisissez un sport ou une activité physique parfaitement adapté à votre personnalité, à vos goûts, à votre morphologie et à vos capacités. Arrangez-vous pour que sa pratique ne vous rajoute pas de contraintes inutiles, comme de longs trajets aller et retour par exemple.

Après quarante ans, si vous n'avez aucun entraînement, recommencez par un sport d'endurance. Par ordre de préférence :

– ***La natation :*** dans une piscine ou une mer chaude (on ne supporte pas l'eau froide quand on est très fatigué). N'essayez pas d'en faire trop, ne vous fixez pas d'objectif. Marchez dans l'eau, barbotez, détendez-vous. Massez-vous dans l'eau, dénouez vos articulations.

– ***La marche :*** deux fois par jour pendant une demi-heure ou une heure, en marquant au milieu un arrêt de dix minutes pendant lesquelles vous vous détendrez totalement, assis ou allongé. Marchez d'un bon pas (sans courir). Mettez de bonnes chaussures (surtout si vous souffrez du dos). Ne portez ni sac, ni vêtements lourds.

– ***La bicyclette :*** faites, deux fois par semaine, une randonnée d'une demi-heure à une heure (ne forcez pas) en terrain plat ou légèrement valonné.

Choisissez, parmi ces trois sports d'endurance, celui que vous préférez ou qui vous est le plus facile à pratiquer. Tous trois fortifient votre système cardio-vasculaire, préparent et renforcent vos muscles et vos articulations.

Pendant cette troisième semaine, vous pouvez, si vous en éprouvez l'envie, faire une cure de thalassothérapie, une cure thermale ou un stage de remise en forme. Plus tôt, vous n'en retireriez aucun bénéfice. Mais attention : limitez à trois le nombre des soins quotidiens.

– ***Facultatif :*** une gymnastique douce.
Vous pouvez – mais ce n'est pas une obligation – faire, parallèlement au sport d'endurance que vous aurez choisi, un peu de gymnastique douce : gymnastique de l'imagination, stretching, yoga, taï chi. A l'exclusion, évidemment, de toute activité pratiquée en force : musculation, aérobic, et même gymnastique aquatique.

● **Alimentation**

Faites, au cours de cette semaine, un jour de semijeûne : au petit déjeuner, mangez autant de fruits que vous le voulez ; aux repas, buvez un bouillon de légumes, dont vous mangerez les légumes.

Les autres jours, variez au maximum votre alimentation.

• Votre poids : n'y pensez pas

Il est probable que, parce que vous avez vécu une période plus ou moins longue de fatigue intense et anormale, vous avez pris ou perdu du poids. Ne vous polarisez pas pour autant sur vos problèmes esthétiques dès le début de la cure. Vous devez d'abord retrouver votre santé, et il y a toutes les chances pour que ceux qui ont grossi perdent, sans autre traitement, un kilo par semaine et pas mal de cellulite en même temps.

Il est beaucoup plus difficile de reprendre du poids, quand on a beaucoup maigri, et vous ne regagnerez guère plus de 500 grammes par semaine.

Pour les problèmes de poids plus importants, reportez-vous au chapitre spécialisé (voir page 213).

• Sexualité

Lorsqu'on est fatigué et – ou – déprimé, on risque, soit une absence de désir sexuel, soit au contraire une hyperactivité sexuelle. Dans un cas comme dans l'autre, vous retrouverez une sexualité harmonieuse en retrouvant votre équilibre. En attendant, évitez excitants et aphrodisiaques qui ne feraient que perturber votre métabolisme. Prenez patience et ne transformez pas en maladie psychosomatique un trouble passager.

L'INSOMNIE

Le sommeil est essentiel. Pourtant, un tiers de la population souffre de troubles du sommeil. Une personne sur trois dort trop peu, ou mal, et souffre de multiples maux induits par l'insomnie, quelle que soit sa forme. Or neuf personnes sur dix pourraient retrouver le sommeil si elles le voulaient.

■ Les symptômes

– On a du mal à s'endormir ;

– On se réveille au milieu de la nuit en ayant l'impression qu'on n'a pas dormi et on ne parvient pas à se rendormir ;

– On se réveille trop tôt et on ne se rendort pas jusqu'au matin.

■ Les causes

– Un rythme de vie déséquilibrant ;

– Le stress : solitude, conflits, problèmes professionnels, soucis d'argent...

– Le manque d'activité physique : travail sédentaire, confinement... Le trop-plein d'énergie ne trouve pas d'exutoire et on devient nerveux ;

– Une activité physique inadaptée : sport pratiqué sans entraînement, activité forcée en fin de journée (musculation, aérobic, bricolage, sport de combat, etc.) ;

– Une alimentation anarchique : boulimie, repas sautés, régimes carencés. Des repas trop copieux, lourds à digérer, alimentation trop épicée... Consommation excessive de poisons de l'alimentation. L'abus de vitamines, de médicaments, d'excitants.

Tous ces facteurs entraînent une intoxication chronique, des fermentations, des ballonnements, qui peuvent perturber le sommeil.

– Une activité psychique trop intense en fin de journée : surmenage intellectuel, trop forte concentration, mais aussi spectacles violents, éprouvants ou bouleversants... On ne parvient pas à libérer son esprit pour trouver le sommeil ;

– L'angoisse du sommeil : peur de ne pas dormir ou, au contraire, peur de s'endormir, peur du noir ou de faire des cauchemars ;

– L'excès de chaleur ou de froid ;

– Les douleurs occasionnelles ou répétitives ;

– Le bruit : même s'il n'empêche pas le sommeil, il le perturbe, ce qui fatigue nerveusement l'organisme ;

■ Les effets fonctionnels

– Fatigabilité, « coups de pompe », bâillements, torpeurs ;

– Perte de l'appétit qui entraîne une perte de poids, ou dérèglement des rythmes nutritionnels : on mange n'importe quoi n'importe quand ;

– Angoisses ;

– Nervosité, irritabilité ;

– Manque de concentration, trous de mémoire ;

– Frilosité ;
– Étourdissements ;
– Douleurs ;
– Crampes ;
– Démangeaisons ;
– Fatigue physique et psychique ;
– Vieillissement prématuré ;
– Troubles neuro-végétatifs, en particulier maux de ventre ;
– Maux de tête ;
– Maux de dos, douleurs de la nuque ;
– Fragilité : on est plus sensible aux virus ;
– Prise ou perte de poids anormale.

■ Préparez-vous une bonne nuit tout au long de la journée

L'insomnie n'est pas tout à fait un trouble comme les autres et, si trois semaines paraissent un temps normal pour en venir à bout, je ne vous donnerai pas pour elle de programme semblable aux précédents qui évoluent de semaine en semaine. L'insomnie vient souvent d'une somme de petites mauvaises habitudes que nous enchaînons les unes aux autres. J'ai donc construit la journée idéale du bon dormeur, celle qui prépare le mieux à un sommeil réparateur. Vous ne la suivrez pas à la lettre, surtout au début, mais petit à petit vous appliquerez les conseils qui vous conviennent le mieux. Vous comprendrez les moments où, en fonction de votre vie à vous, de vos contraintes ou de vos manies, vous perdez votre nuit et pouvez la gagner. En trois semaines, vous aurez révisé ce qui n'allait pas et, j'en suis certain, retrouvé le sommeil.

Le matin

Lorsqu'on cherche le sommeil parce qu'on croit l'avoir perdu, il faut se mettre en condition tout au long de la journée et, aussi étonnant que cela puisse paraître, dès le matin.

• Réveillez-vous tous les jours à la même heure ;

• Évitez les réveils stressants, pressés, angoissants.

• Restez cinq à dix minutes allongé dans votre lit (en ondes alpha), mais ne vous rendormez pas.

• Étirez-vous comme un animal, membre après membre, sans forcer ;

• Buvez, encore allongé, deux à trois grands verres d'eau.

• Ne sautez pas hors de votre lit, vous risqueriez de provoquer des microtraumatismes au niveau du système cardiovasculaire, de dérégler dès le matin votre horloge biologique et de créer une brutale rupture de rythme fatigante pour l'organisme : pendant le sommeil, le cœur bat plus lentement, organes et systèmes fonctionnent au ralenti, et se lever d'un bond est un stress.

• Respectez un petit temps d'adaptation entre la position couchée et la position debout en vous asseyant quelques instants au bord de votre lit.

• Pratiquez pendant une minute les exercices de respiration que je vous ai indiqués.

• Ne prenez pas votre petit déjeuner au lit : comptez à peu près trente minutes entre le moment où vous vous levez et la prise d'aliments. Ce temps est indispensable pour que l'organisme « se mette en route », que la circulation sanguine s'accélère, que le système neuro-végétatif se réveille et soit prêt à assimiler la nourriture.

• Ne prenez, dès le réveil, ni café, ni thé, ni café au lait, ni chocolat. Avalés quand l'organisme est encore endormi, ils fatiguent le système digestif et rendent inutiles tous les efforts que vous pourriez faire par ailleurs.

• Prenez une douche tiède ou chaude pour augmenter la température de votre corps, puis reposez-vous deux à trois minutes avant de vous habiller.

• Faites dix minutes de gymnastique, d'étirements très doux.

• Prenez votre petit déjeuner dans le calme, assis devant un couvert dressé – et donnez-vous un bon quart d'heure. Sa composition idéale est :

– Une boisson chaude : infusion de thym, romarin, verveine, éventuellement chicorée ou Caro ;

– Un jus de fruit ou de légumes ;

– Une ou deux tartines de pain complet ou de campagne, grillé ou rassis, avec du beurre frais (saupoudré de persil, c'est encore mieux) ;

– Un œuf à la coque, une tranche de jambon ou un morceau de poulet ou de fromage, ou un yoghourt ;

– Quelques amandes ou noisettes.

• Pensez à votre emploi du temps de la journée et organisez-le en prévoyant la place pour quelques imprévus. Le temps que vous vous accordez pour faire les choses est primordial. De lui dépend que votre journée soit stressée et stressante, pour vous et les autres, ou détendue. Que vous soyez, le soir, content d'avoir fait ce que vous aviez à faire ou perturbé de n'avoir pu accomplir qu'une partie de votre programme. Dans la vie comme dans les avions, le « surbooking » devient vite intolérable.

Dans la matinée

Quelles que soient vos activités, vous serez au maximum de votre énergie entre 10 heures et 13 heures.

En week-end ou en vacances, c'est aussi le moment idéal pour pratiquer une activité sportive qui vous procurera une saine fatigue.

Choisissez de préférence un sport d'endurance : marche, natation, vélo, ski de fond, randonnée, mais c'est aussi le seul moment où vous pouvez pratiquer un sport d'équipe ou un sport plus violent comme le tennis, le squash, la musculation, etc. Étudiez-vous bien : ces sports calment certains, stimulent trop les autres. Il vous faudra choisir en fonction de votre tempérament et de vos réactions personnelles.

Ménagez-vous des temps de pause toutes les heures. Profitez-en pour vous hydrater, faire quelques respirations, un peu de relaxation.

Le déjeuner

Réservez-lui au moins trente minutes. Prenez-le assis, dans un endroit calme.

Pour éviter les digestions lentes ou difficiles qui vous amèneraient des moments de torpeur dans l'après-midi, mangez lentement et légèrement. Vous pouvez boire un verre de bon vin.

- **Privilégiez**

– Les salades;
– Les légumes;
– Les poissons;
– Les viandes blanches;
– Les sucres lents : pâtes, riz, pommes de terre, lentilles, petits pois, fèves, pois chiches.

- **Évitez**

Tous les poisons indiqués dans le régime de base (voir page 125).

A partir de 13 heures, votre énergie commence normalement à décroître. Ne prenez plus de stimulants comme apéritif, café, alcool ou thé.

C'est après le déjeuner que ceux qui ne peuvent se passer de café et de cigarettes pourront se faire plaisir. Savourez-les : ce sont les derniers de la journée.

Essayez en tout cas, pendant quelques semaines, de ne pas dépasser un café et cinq à six cigarettes par jour.

Après le repas, détendez-vous impérativement pendant une demi-heure. Si vous le pouvez, allongez-vous et faites une courte sieste de vingt minutes, sinon marchez.

L'après-midi

N'attaquez pas une activité intense, professionnelle ou sportive, immédiatement après le déjeuner. Nous ressentons tous, en tout début d'après-midi, un fléchissement momentané de notre énergie.

Si vous ressentez un « coup de pompe », donnez-vous cinq minutes.

Installez-vous confortablement, laissez votre corps s'engourdir, fermez les yeux, videz votre esprit. Respirez doucement et régulièrement.

Apprenez à dormir pour de très courts moments, voire quelques minutes.

Ces temps de repos ne perturberont pas votre sommeil nocturne; au contraire, ils le favoriseront en vous détendant et en vous calmant.

Si vous voyagez beaucoup, apprenez à dormir en voiture, en train ou en avion : les temps de voyage sont précieux pour recharger votre énergie.

Pendant l'après-midi, respectez les mêmes temps de pause toutes les heures que le matin;

Pour rester calme, faites de temps en temps des exercices de contraction statique :

– Assis ou debout, respirez doucement par le nez (sans entendre l'air rentrer dans vos narines) en contractant tous les muscles de votre corps (poings, fesses, genoux serrés, orteils crispés au sol).

– Maintenez cette contraction pendant cinq secondes, puis expirez par le nez ou la bouche en relâchant tous vos muscles.

– Inspirez à nouveau par le nez, sans contraction musculaire, et expirez tout doucement par le nez ou la bouche en contractant tous les muscles du corps, et surtout les abdominaux pour expirer à fond.

– Relâchez... A faire cinq fois.

La fin de journée

A la fin de votre journée de travail, préparez votre bureau (ou vos outils) pour le lendemain, comme un enfant prépare son cartable. Ne vous précipitez pas. Terminez votre journée en douceur. Vous vous sentirez la conscience plus tranquille et rentrerez chez vous apaisé.

Après 17 heures, l'organisme commence à se préparer au sommeil, même si vous ne vous en apercevez pas.

Si vous travaillez, sachez que vous serez moins en forme que le matin, à moins de forcer vos rythmes biologiques et de créer un stress susceptible de perturber la nuit à venir. Cela ne signifie évidemment pas qu'à partir de cinq heures de l'après-midi on n'est plus bon à rien, mais seulement que, lorsqu'on souffre d'insomnie, on doit être attentif à ne pas déranger plus qu'il ne l'est déjà le *tempo* naturel de l'organisme.

● Supprimez après 17 heures

– Les sports, activités, films, spectacles violents;

– Les cours de gymnastique s'ils sont accompagnés d'une musique agressive;

– Les discussions vives, les conflits.

● Faites après 17 heures

– Des activités douces et – ou – agréables;

– Des sports d'endurance ou une gymnastique douce, sans forcer.

• Hydrothérapie

Le contact de l'eau sur la peau est très apaisant. Prenez des douches, des bains; nagez... en cherchant surtout à vous détendre.

Si vous choisissez la piscine, faites cinq à six longueurs de bassin la première semaine, dix la deuxième, quinze la troisième, puis laissez-vous flotter sur le dos. Reposez-vous pendant un quart d'heure en sortant de l'eau.

• Les exercices d'élongation

Les exercices d'élongation choisis ici sont faits pour vous détendre, vous réconcilier avec votre corps. Ne les confondez pas avec le stretching qui demande de soutenir les étirements, et donc une tension musculaire.

Assis, debout ou couché, choisissez les exercices dont vous sentez qu'ils vous procurent le plus de bienfaits et de plaisir : Étirez un membre, ou plusieurs, tout en inspirant, relâchez pendant l'expiration.

Ces exercices doivent être exécutés sans effort et n'entraîner ni transpiration, ni contractures, ni accélération du rythme cardiaque. Étirez-vous naturellement, comme un félin. Vous aurez probablement envie de bâiller, ne vous retenez pas. Si votre émotivité remonte, si vous avez envie de pleurer, faites-le.

• Les massages

Un bon massage de détente peut remplacer quelques heures de sommeil. Il peut aussi provoquer le sommeil. Ne vous en privez pas.

Faites-vous masser une fois par jour en période de crise

si vous le pouvez, deux fois par semaine en tout cas tant que vous n'avez pas retrouvé le sommeil, dont une à la veille du week-end.

Le massage idéal :

– Il ne doit pas dépasser trente minutes ;

– Il doit être pratiqué au moins trois heures après le repas, et de préférence après 17 heures ;

– Il doit être doux (évitez les frictions, percussions, manipulations) ;

– Il doit être fait sur tout le corps, en insistant sur la tête et les pieds.

Massez-vous vous-même, pendant dix à quinze minutes par jour, en alternant la tête et les pieds :

– Assis sur une chaise, les coudes sur une serviette pliée en quatre, en appui sur une table, massez toute votre tête à pleines mains, sans frotter, en décollant doucement le cuir chevelu ; puis massez le front et la nuque.

– De nombreuses terminaisons nerveuses aboutissent dans les pieds, et un bon massage des pieds équivaut à un massage général de détente de tout le corps. Massez vos pieds lentement et profondément, comme je vous l'ai indiqué précédemment (voir page 193).

Le dîner

Dîner léger en évitant, plus encore qu'au déjeuner, ce qui peut perturber votre digestion.

● **Évitez**

– Tous les poisons indiqués dans le régime de base;
– De manger trop salé;
– Les potages, qui peuvent donner des ballonnements et ont un effet diurétique;
– Les aliments irritants : chou vert, chou rouge, melon, rhubarbe, épices, etc.;
– La viande rouge;
– Les crudités en trop grande quantité;
– Les fromages fermentés : camembert, roquefort...;
– Le fromage blanc et les laitages en trop grande quantité : chez certaines personnes, qui les supportent mal, ils provoquent des gaz et des ballonnements;
– les compotes, le miel, la confiture.

● **Mangez**

Vous pouvez associer plusieurs types d'aliments ou n'en manger qu'une catégorie :

– Des protéines animales : poisson, volaille, viande blanche, œufs. On trouve dans ces protéines un acide aminé : le tryptophane, précurseur de la sérotonine qui est l'hormone du sommeil;
– Des sucres lents (en quantité raisonnable) : les pâtes, le riz – à condition de le cuire dans trois eaux différentes de façon à chasser l'excès d'amidon (l'eau de cuisson doit être claire);

Il n'est pas indispensable de faire un régime dissocié, vous pouvez manger poulet plus riz ou pâtes plus poisson, etc.

– Des légumes (en portion moyenne), cuits de préférence à la vapeur : endives, courgettes, salade cuite, etc.

– De la salade verte, pour ses vertus narcotiques;

– Du pain complet : une à deux tartines, sauf si vous avez mangé des sucres lents;

– Un dessert : sorbet, yoghourt, une barre de chocolat noir.

Vous pouvez accompagner votre repas d'un verre de bon vin rouge; mais évitez les alcools lourds, le champagne et le vin blanc.

Faire la vaisselle, ranger sa cuisine, mettre le couvert pour le petit déjeuner sont d'excellents exercices pour faciliter votre digestion et, de plus, une bonne manière de prendre un bon départ pour votre journée du lendemain.

● Une infusion calmante

Une demi-heure après le repas, buvez une tasse, pas plus, et pas trop chaude, d'une infusion de tilleul, verveine, fleur d'oranger, camomille, chicorée ou Caro.

Variez l'infusion d'un jour à l'autre.

Après le dîner

S'il fait beau, allez marcher en flânant une quinzaine de minutes.

● Prenez un bain ou une douche (une heure au moins après le dîner)

Si vous prenez une douche, faites couler l'eau chaude pendant deux à trois minutes, tiède pendant deux à trois minutes, puis froide pendant une minute. Ne vous frictionnez pas.

Les bains doivent être tièdes et additionnés d'une huile essentielle relaxante. Restez-y pendant cinq à dix minutes pendant lesquelles vous vous masserez doucement la nuque, les avant-bras, le visage, la tête, les paumes des mains et les pieds en insistant sur le gros orteil. Reposez-vous ensuite pendant dix à quinze minutes.

Si vous prenez des bains bouillonnants, choisissez-les à jets doux et ne dépassez pas quinze minutes qui seront suivies d'un temps égal de repos.

N'allez jamais vous coucher immédiatement après le bain.

- **Faites un exercice de relaxation pré-sommeil**

Assis sur les talons, glissez vos mains en avant sur le sol et restez dans cette position deux ou trois minutes environ en respirant profondément.

- **Brossez-vous les dents en massant bien vos gencives (pour faciliter la digestion)**

- **Guettez votre cycle de sommeil**

Il s'annonce par des bâillements, des picotements dans les yeux et l'envie de s'allonger. Quand vous ressentez ces signes avant-coureurs, allez vous coucher dans les dix minutes, car ce cycle ne se reproduira qu'environ une heure et demie à deux heures plus tard.

Si vous ne sentez pas le sommeil venir, lisez, écrivez, écoutez de la musique douce, videz votre esprit et... provoquez des séances de bâillements, comme je vous l'ai indiqué (voir page 149). Jouez-vous la comédie de celui qui s'endort. Bergson disait : « Dormir c'est se désintéresser. » Essayez de chasser de votre esprit les mille soucis qui vous trottent dans la tête. « Décrochez », abandonnez-vous et laissez-vous bercer par votre propre respiration.

● Créez une ambiance favorable au sommeil

– Votre chambre doit être la plus calme possible ; préférez pour sa décoration les couleurs douces, les tons pastels ;

– Aérez-la et coupez ou ralentissez le chauffage : la température idéale est de 16 à 17 °C ;

– Laissez toujours la fenêtre entrouverte, même en hiver. Si vous êtes frileux, couvrez-vous : portez un pyjama et des chaussettes, ajoutez une couverture ou un édredon. Évitez de transpirer pendant la nuit, donc n'en mettez pas trop. Pour bien dormir, il faut abaisser la température de son corps ;

– Vérifier que les saturateurs des radiateurs sont remplis d'eau pour éviter une atmosphère trop sèche. Vous pouvez y ajouter des essences naturelles de pin ou d'eucalyptus ;

– Évitez téléphone et télévision dans la chambre ;

– Dormez sur un matelas ferme ;

– Préférez les oreillers aux polochons qui cassent la nuque ;

– Dormez, si possible, la tête au nord ;

– Choisissez des draps, couvertures et vêtements de nuit en fibres naturelles pour éviter l'électricité statique ;

– Si vous prenez des médicaments pour dormir prescrits par un médecin, continuez votre traitement. Dès que vous vous sentirez mieux, il les réduira ou les arrêtera ;

– Si vous prenez des médicaments sans avis médical, essayez de les supprimer, ou au moins de les diminuer au fur et à mesure des résultats que vous obtiendrez ;

– Déposez sur votre table de nuit une carafe d'eau et un verre pour le lendemain matin.

Dans votre lit

– Fermez les yeux et « regardez » quelque chose d'imaginaire placé au-dessus de vous ;

– Respirez en aspirant l'air que vous expirez (en relevant votre drap sur votre nez) ;

– Faites l'amour avec tendresse, c'est le meilleur des somnifères ;

– Si vous ronflez, consultez un spécialiste : le ronflement fatigue l'organisme et perturbe les rythmes du sommeil ;

– Si vous vous réveillez, pris d'une envie d'aller aux toilettes par exemple, allez-y lentement, dans l'obscurité, en évitant de vous réveiller tout à fait ;

– Si vous vous réveillez et ne parvenez pas à vous rendormir au bout de quinze minutes, levez-vous. Acceptez cet intermède. Respirez, faites un exercice de relaxation ou lisez, et attendez votre prochain cycle de sommeil... dans une heure à deux heures.

– Si vous n'arrivez pas à dormir et qu'il vous reste un peu de courage, mieux vaut carrément vous lever et faire la fête toute la nuit. Ne faites pas la sieste le lendemain, et vous dormirez très bien le soir !

– Si vous êtes sujet à des réveils prématurés, ils sont le signe d'une grande fatigue, d'un état d'angoisse ou de déprime (reportez-vous à ces chapitres).

LES PROBLÈMES DE POIDS

Maigrir dépend de chacun. Pas seulement de la volonté de chacun, mais de son patrimoine génétique, son histoire, son tempérament, sa nature et ses conditions de vie.

Je ne parle évidemment pas ici d'obésité caractérisée due, par exemple, à des dérèglements hormonaux ou à des troubles de la thyroïde. Ils relèvent d'un spécialiste qui, éventuellement, après avoir soigné la cause, vous dirigera vers un diététicien ou un thérapeute.

Par problème de poids, j'entends embonpoint, ces quelques kilos (5,6,10 peut-être) pris sans trop y penser, de petits débordements en excès un peu trop répétés. Ces kilos-là, vous les perdrez si vous voulez les perdre et si vous suivez mes conseils. Ne parlons pas de régime : si vous voulez attaquer un régime contraignant, vous ne parviendrez pas à le suivre, au moins les trois premières semaines.

Parlons plutôt santé, énergie, bien-être, et l'amaigrissement suivra, je vous l'affirme : dans ce domaine, avec un peu de volonté, je ne connais pas d'échec.

■ Les causes

• Problèmes affectifs pouvant entraîner un état dépressif

– On n'est pas aimé, on ne s'aime pas ;
– Conflits familiaux ;
– Conflits professionnels ;
– Solitude, ennui ;
– Manque d'épanouissement de la personnalité, peur de s'affirmer, timidité ;

• Sexualité non épanouie

• Choc émotif

Un décès, un accident... peuvent provoquer une prise de poids rapide en quelques semaines sans que les habitudes alimentaires changent.

• Association, dans la petite enfance, de l'alimentation au plaisir ou à la compensation

L'enfant auquel on donne à manger dès qu'il pleure ou fait un caprice aura tendance, devenu adulte, à calmer ses angoisses en mangeant.

Plus simplement, un enfant trop nourri aura, à l'âge adulte, des besoins alimentaires importants.

Il arrive que des parents trop protecteurs tansforment leur enfant en timide anxieux qui, plus tard, cherchera dans la nourriture une sécurité ;

- **Le stress**

Il rend vulnérable, émotif, et manger peut alors paraître un rempart contre les agressions extérieures répétées.

- **Certaines circonstances, sur un terrain prédisposé**

– La puberté, à l'âge où la timidité, l'angoisse, la difficulté à se trouver et à s'exprimer s'ajoutent à un appétit plus important ;

– Le mariage : le sentiment de sécurité s'additionne au désir de faire plaisir à l'autre en lui mitonnant de bons petits plats ;

– La grossesse : trop de femmes croient encore qu'il faut « manger pour deux », à moins que leur taille arrondie ne leur fasse perdre le sens de la mesure ;

– Après l'accouchement : on se laisse aller à la béatitude. On était active ; on devient passive et on néglige toute activité physique au moment où, justement, on en aurait besoin ;

– Après une interruption de grossesse, parce qu'on se sent malheureuse, coupable et frustrée ;

– Après un accident, parce qu'on compense par la nourriture une peur mal assumée ;

– Quand on arrête de fumer, parce que l'appétit augmente (le tabac agit comme coupe-faim) et qu'on compense, en mangeant, la frustration orale de la cigarette ;

– Une rupture sentimentale ou, pour les adolescents, familiale (départ en pension, voyage à l'étranger, service militaire)...

– La retraite : l'inactivité provoque l'ennui, et on mange pour s'occuper.

● **Les régimes**

La plupart des régimes sont déséquilibrés et perturbent gravement le métabolisme. On maigrit et, non seulement on regrossit vite, mais on reprend plus qu'on avait perdu.

● **Les mauvaises habitudes alimentaires**

– Boulimie ;
– Grignotage ;
– Repas sautés ou pris à la va-vite.

Les effets fonctionnels

– Fatigue dès le matin, accrue après les repas (somnolence) ;
– Cellulite ;
– Troubles neuro-végétatifs : digestion lente, aérophagie, colite, constipation, ballonnements ;
– Troubles des règles : règles douloureuses, surtout pendant les deux premiers jours, ou irrégulières ;
– Hypertension artérielle provoquant maux de tête et étourdissements ;
– Essoufflement, gêne respiratoire ;
– Troubles de la circulation : jambes lourdes et douloureuses, varicosités, vergetures ;
– Maux de dos : accentuation de la lordose lombaire traumatisant surtout les 4e et 5e disques lombaires et

perturbant ensuite toute la statique vertébrale, douleurs entre les omoplates, douleurs de la nuque ;

– Douleurs articulaires (genoux, pieds, hanches) ;

– Manque de souplesse.

■ Les effets psychologiques

– Sentiment d'être mal dans sa peau ;

– Complexes, angoisses, sentiment de culpabilité ;

– Obsession du poids : on « ne pense qu'à ça » ;

– Crédulité : on essaye tous les médecins, vrais ou faux, toutes les cures, tous les régimes.

■ Trois semaines pour retrouver son poids

Il faut savoir, avant de commencer tout traitement, qu'aucun amaigrissement durable ne peut être obtenu sans qu'on soigne d'abord les troubles fonctionnels du ventre, c'est-à-dire du système digestif : aérophagie, colite, ballonnements, flatulences, constipation, etc. Ni le sport ni les régimes ne peuvent être efficaces sur un organisme malade. Or les « maux de ventre » sont souvent le signe d'un dérèglement du système nerveux. Lorsque le corps retrouve sa santé, et à cette seule condition, la perte de poids s'obtient sans effort.

■ 1re semaine

POUR L'ESPRIT

• Trouvez un soutien et un témoin

Maigrir est difficile, vous avez besoin d'aide ; n'en ayez pas honte. Cherchez autour de vous un ami ou un parent qui soit pour vous à la fois un soutien moral permanent et un témoin objectif et compréhensif. Si vous êtes seul, faites-vous suivre par un thérapeute en qui vous avez confiance.

Celui que vous aurez choisi ne devra être ni trop autoritaire ni permissif. Il vous aidera à ne pas abandonner, il vous écoutera ; vous suivrez ses conseils, mais n'oubliez pas que vous êtes engagé dans une démarche personnelle et que vous seul, au bout du compte, décidez.

Pendant ces trois semaines, puis pendant la période d'adaptation, vous serez votre premier thérapeute et votre vrai diététicien. Faites lire ce livre à votre « thérapeute », il saura mieux vous conseiller. Mais en aucun cas sa volonté ne pourra se substituer à la vôtre.

• Préparez-vous

Malgré les écarts, on maigrit plus facilement pendant les vacances, parce que, lorsqu'on est détendu et que le corps respire, qu'on bouge, on assimile et on élimine mieux.

Pour mieux maigrir, tentez de prendre un état d'esprit de vacances. Ne pensez pas à la nourriture, oubliez les régimes, essayez seulement de vous détendre et de vous sentir bien. Mangez ce qui vous fait envie en respectant les deux règles de base : passez à table dans le calme et mangez lentement.

POUR LE CORPS

• Évitez les poisons

Supprimez tous les poisons – tels que je les ai décrits dans le régime de base – de votre alimentation pour rééquilibrer votre système neuro-végétatif, toujours atteint chez les personnes souffrant d'embonpoint.

Parallèlement, faites des exercices de respiration pour améliorer votre circulation.

• Hydrothérapie

L'eau froide accélère la circulation lymphatique, ce qui favorise le processus d'amaigrissement. Il faut un tout petit peu de courage, mais dites-vous qu'un corps un peu enrobé supporte mieux le froid qu'un corps maigre.

Prenez autant de bains ou de douches que vous le pouvez au cours de la journée.

Si vous êtes en plein air, prenez des bains de mer, de rivière, de torrent.

Faites ensuite une friction, à mains nues ou au gant de crin, pour accélérer la circulation.

Le soir, avant de dîner, prenez un bain tiède additionné d'huile essentielle d'eucalyptus, ou un bain d'algues marines additionné de 200 grammes de gros sel marin (dix minutes).

- **Pas de sport violent**

Supprimez les sports violents, les sports d'équipe, les sports d'effort. Ne courez pas : vous risqueriez de fatiguer vos articulations et vos systèmes neuro-végétatifs et cardiovasculaires.

Faites régulièrement de la natation, ou de la marche, ou du vélo, sans forcer, pour détendre votre système nerveux.

- **Dormez, reposez-vous**

Dormez : quand on dort, on maigrit. Reposez-vous, bougez le moins possible pendant cette première semaine, en dehors des sports d'endurance que vous pourrez pratiquer régulièrement.

- **Relaxez-vous**

Vous pouvez faire (en groupe, sous le contrôle d'un thérapeute) des séances de relaxation, de yoga (évitez les postures), de gymnastique, de taï chi.

- **Faites-vous masser**

Faites, deux à trois fois par semaine, des massages doux de détente sur tout le corps (trente à quarante minutes par séance).

● **Massez votre ventre**

Comme je vous l'ai indiqué, trois heures au moins après la digestion (voir page 156).

■ 2e semaine

POUR L'ESPRIT

● **En groupe... peut-être**

Il existe des groupes de soutien organisés par des associations spécialisées. Les participants, qui ont les mêmes problèmes et visent le même but, se soutiennent et tentent, ensemble, d'acquérir de nouvelles habitudes alimentaires.

Pour certains, cette méthode est tout à fait efficace. D'autres ne supportent pas de se retrouver seuls, sans appui, et regrossissent dès qu'ils arrêtent la thérapie.

● **Pesez-vous**

Pesez-vous une fois par semaine (c'est largement suffisant) à la même heure, sur la même balance, pour pouvoir noter vos progrès. Vous pouvez aussi mesurer une fois par semaine vos tours de taille et de cuisse avec un mètre souple de couturière.

● **Motivez-vous en faisant les courses**

Votre prise en charge de vous-même commence au marché : gardez-vous des tentations, « oubliez » chips, bonbons et autres cacahuètes; choisissez parmi les aliments les meilleurs, ceux que vous préférez.

• Fixez-vous un poids idéal

Idéal et réaliste! Chacun a son poids, celui où il se sent bien, ni maigre ni enrobé. Vous ne visez pas le concours de Miss Monde mais votre bien-être.

• Acceptez vos kilos d'hiver

L'hiver, un organisme sain prend 2 à 3 kilos. Si l'on cherche à perdre ces kilos naturels, on se fatigue; la fatigue perturbe les cycles biologiques et on entre dans le cercle infernal des prises et des pertes de poids anarchiques... si bien que l'on ne peut plus reperdre sans effort ces rondeurs lorsque l'été arrive. Laissez faire la nature, elle a ses lois. A vous de veiller à ce que ces 2 ou 3 kilos ne deviennent pas 5 ou 6, ce qui serait tout autre chose.

Il est courant aussi, pour les femmes, de prendre un peu de poids avant les règles. Pas d'inquiétude, ce kilo superflu part de lui-même pendant le cycle.

Il arrive même parfois qu'on prenne 1 ou 2 kilos en une seule journée parce qu'on a subi un stress important ou ressenti une émotion violente.

• Sachez maigrir en douceur

Maigrir n'a de sens que si l'on ne regrossit pas. Pour cela, il faut maigrir tranquillement, par étapes.

Fixez-vous pour objectif de perdre 1 kilo par semaine jusqu'à votre poids idéal.

● Analysez vos réactions alimentaires

Si vous avez suivi le traitement de base et le programme de la première semaine, vous vous sentez déjà mieux.

Il est temps de commencer à analyser votre comportement et vos réactions alimentaires. Pour y arriver, notez sur un carnet au jour le jour ce que vous mangez et ce que vous ressentez.

– Vous précipitez-vous sur la nourriture ?
– Mangez-vous en grande quantité ?
– Mangez-vous rapidement ?
– Sautez-vous des repas ?
– Mangez-vous à des heures régulières ?
– Quelles catégories d'aliments vous attirent-elles ?
– Éprouvez-vous des malaises à manger certaines choses ?

Telles sont quelques-unes des questions – il y en a d'autres – que vous devez vous poser pour voir où sont vos défauts, ceux auxquels vous pouvez remédier et les autres, et tenter de trouver votre propre équilibre.

POUR LE CORPS

● Exemple d'une journée alimentaire idéale

Voici le fil conducteur d'une journée alimentaire idéale. Elle sera peut-être pour vous difficile à suivre. Tentez néanmoins de vous en approcher le plus possible.

– ***Au réveil :***

• Évitez les réveils stressants, étirez-vous dans votre lit, bâillez, restez quelques minutes au lit avant de vous lever et buvez, encore allongé, quatre à cinq grands verres d'eau, doucement, à petites gorgées. L'eau bue à jeun le matin est la meilleure des hydratations. Le corps étant au repos depuis sept à huit heures, elle atteint très vite les cellules et facilite l'élimination des toxines.

• Respirez et levez-vous sans sauter de votre lit ;

• Prenez une douche tiède ou froide, séchez-vous et frictionnez-vous au gant de crin ;

• Massez vos gencives avec un peu de pâte dentifrice que vous passez doucement du bout des doigts. Rincez-vous la bouche ;

• Faites-vous plaisir dès le matin et choisissez mon petit déjeuner « grande forme ». Prenez-le assis, en vous ménageant au moins dix minutes de calme et alternez d'un jour à l'autre les différents aliments :

Œuf à la coque, ou poisson cru ou cuit, ou jambon maigre, ou viande blanche ;

Ou un ou deux yoghourts nature sans sucre ou un morceau de fromage ;

Ou ce mélange savoureux et énergétique à préparer au mixeur : une banane, un yoghourt nature, une demi-pomme ou un fruit de saison (pêche, poire, fraises...).

A cela ajouter :

Deux tartines de pain complet ou de campagne avec du beurre frais (demi-sel si vous aimez) que vous parsemez de persil, de ciboulette ou de basilic frais finement hâché ;

Trois amandes, trois noisettes, une ou deux figues ou dattes sèches ou fraîches ;

Un grand bol de chicorée, Caro ou Cérécof (deux cuillerées à café) ou une infusion de thym, romarin et sauge mélangée à un demi-citron pressé sans sucre.

– A 10 heures :

Buvez de l'eau et mangez un fruit (pomme, pêche, pamplemousse, orange).

– Au déjeuner :

Une composition d'aliments équilibrés en ration suffisante et adaptée à vos besoins. Voici le menu type que je vous propose :

- Une crudité ou une salade verte;

Du poisson ou de la viande blanche avec des légumes ou un peu de riz;

- Une tranche de pain complet, si vous n'avez pas d'autre féculent au repas;
- Un yoghourt ou un sorbet.

Passez à table détendu.

Si vous vous sentez contrarié, nerveux, tendu..., faites les respirations du régime de base et ne mangez que lorsque vous vous sentirez mieux.

– A 17 heures :

Buvez une infusion sans sucre et mangez un yoghourt nature.

– Au dîner :

Même programme que pour le déjeuner, en évitant de vous alourdir – évitez les pâtes, le riz et le pain le soir.

● Marchez, nagez ou faites du vélo

Pendant trente minutes par jour. Il est indispensable, pour dépenser votre énergie, d'exercer une activité physique quotidienne.

- **Faites-vous masser**

Faites-vous masser le ventre et le dos pour rétablir vos circuits énergétiques et améliorer votre circulation.

Faites masser vos plexus.

N'hésitez pas, entre deux séances, à vous masser vous-même.

■ 3e semaine

Au début de cette troisième semaine, vous devez avoir retrouvé la force et la volonté d'arriver, sans flancher, à votre poids idéal. Les premiers résultats obtenus, et surtout un peu de bien-être retrouvé, vous aideront à continuer.

Si vous n'avez pas perdu de poids pendant les deux premières semaines – c'est tout à fait possible –, ne vous découragez pas, continuez. Il est fréquent que la perte de poids ne commence pas avant la troisième semaine.

POUR LE CORPS

- **Alimentation**

Continuez à suivre, le mieux que vous pourrez, la journée alimentaire idéale.

Vous devrez d'ailleurs continuer pendant toute la période d'adaptation.

• Faites un jour de « décrassage »

Choisissez de préférence un jour de week-end.

Ayez toute la journée une bouteille d'eau minérale près de vous.

– ***Au réveil :***

Buvez deux à trois grands verres d'eau.

– ***Au petit déjeuner :***

- Une tasse d'infusion ou de chicorée ;
- 2 yoghourts ;
- 2 tartines de pain grillé avec du beurre.

– ***A 10 heures :***

Mangez un fruit (un demi pamplemousse, ou une pomme, ou une pêche).

– ***Au déjeuner :***

Boire deux grands bols de bouillon de légumes (fait avec carottes, navets, poireaux, persil, ciboulette, tomates, etc.).

– ***A 17 heures :***

Boire un bol de bouillon de légumes.

– ***Au dîner :***

Boire du bouillon de légumes, dont vous mangerez les légumes.

● Marchez, nagez, faites du vélo

Pendant quarante-cinq minutes par jour, sauf pendant la journée de décrassage, pendant laquelle vous devez vous reposer.

● L'hydrothérapie et les massages

Ils redonnent du tonus à la peau (voir le programme des semaines précédentes).

● Attention!

Aux traitements locaux : ionisations, infiltrations, mésothérapie, qui n'ont qu'une action localisée, souvent traumatisante.

● La thalassothérapie et les cures thermales

Elles peuvent vous apporter un bienfait pendant cette troisième semaine ou après, à condition de ne pas vous fatiguer.

Choisissez un ou deux soins par jour, pas plus (massage et douche au jet par exemple, ou nage et massage...).

● Ce qu'il faut savoir

L'amaigrissement peut présenter certains inconvénients :

– Une baisse de tonus;

– Des douleurs dorsales provoquées par une modification du maintien (mal aux reins);

– Une plus grande vulnérabilité au froid.

Mais ces petits ennuis sont passagers et le résultat en vaut la peine.

LA TIMIDITÉ, LE BLOCAGE, L'HYPER-ÉMOTIVITÉ

Peur d'être soi-même, manque d'affirmation de soi ou, au contraire, par compensation, agression, impulsivité, sont, parmi les difficultés d'être, les plus répandues et les plus éprouvantes.

On ne sait pas, on ne peut pas être soi-même, et le lot des souffrances engendrées par cet état de fait est incommensurable. A vivre dans un état permanent de tension intérieure, de dissociation entre ce que l'on est et ce que l'on paraît, on perd tout équilibre, et, bien sûr, l'organisme en subit les conséquences. L'émotion déclenche en nous une tempête organique, comme l'agressivité ou la timidité qui, au contraire, bloquent toute expression de nos impulsions. Dans tous les cas se mettent en jeu de complexes sécrétions hormonales d'adrénaline ou de cortisone qui, parce qu'elles sont anarchiques, désorganisent profondément notre métabolisme.

Il ne faut donc pas traiter à la légère ces troubles que l'on attribue trop souvent à son tempérament et à son caractère.

Définitions

• Timidité

La timidité est une disposition affective extrême qui se manifeste essentiellement dans nos rapports avec les autres.

• Blocage

Le blocage empêche de réagir normalement face à quelqu'un ou à quelque chose. On n'ose pas, on se referme, on « encaisse » sans parvenir à dire ce que l'on pense et, de fil en aiguille, on en vient à se sous-estimer, on s'aigrit.

• Hyper-émotivité

L'hyper-émotivité est une expression anormalement intense de l'émotivité qui peut anéantir, chez l'individu, la capacité à réagir.

Timidité, blocage, hyper-émotivité, sont souvent intimement liés et, si les symptômes ne sont pas toujours les mêmes, ils se recoupent et se superposent.

Les symptômes

– On est mal dans sa peau;
– Sentiment d'infériorité, peur exacerbée du ridicule;

– Culpabilisation;
– Gestes brusques;
– Repli sur soi;
– Peur d'affronter les problèmes, même minimes;
– Peur des autres, tendance à être sur la défensive;
– Exagération des réactions (pleurs ou rires);
– Agressivité, colères, tendance au persiflage;
– Fatigue, physique et – ou – morale;
– Nervosité, angoisse, anxiété;
– Dissociation de la personnalité : les réactions ne correspondent pas au moi profond.

■ Les causes

• Raisons liées à l'enfance

Les réactions d'inhibition sont souvent liées à des causes remontant à l'enfance :

– Enfance trop protégée ou, au contraire, dominée par des parents trop autoritaires, qui a empêché l'enfant de prendre des initiatives et de s'épanouir.

– Enfance bafouée, sans amour, humiliée, battue.

• Les causes physiques

La timidité naît parfois d'un défaut ou d'une particularité physique réels (strabisme, nez trop long, taille, etc.) que le sujet n'arrive pas à accepter. Ou d'une disgrâce supposée qu'il est seul à remarquer et qui pourtant nuit à toute son existence.

- **Insatisfaction, frustration**

Le sujet n'est pas content de son sort, il se fait peut-être des idées sur lui-même et ce qu'il pourrait être, rêve d'être un autre et n'assume plus celui qu'il est vraiment. La timidité, les blocages, sont parfois l'envers de l'orgueil.

- **Un échec grave**

Mal vécu, qui met l'individu en situation d'échec permanent car il ne croit plus en lui-même.

Les effets fonctionnels

– Rougeurs ou pâleur du visage et du cou;
– Transpiration, surtout des extrémités (mains moites);
– Transformation de la voix (sourde, aiguë, inaudible, etc.);
– Troubles de la parole (bégaiements);
– Oppression, sensation d'étouffement;
– Tremblements des membres;
– Troubles neuro-végétatifs : estomac noué, diarrhée, constipation, colite, etc.;
– Difficulté à déglutir, bouche sèche;
– Gorge nouée;
– Respiration saccadée;
– Insomnie;
– Troubles de l'équilibre et de la gestuelle, maladresse;

– Douleurs de la nuque, maux de dos ;

– Grande lassitude, épuisement, abattement en particulier après une crise ;

– Spasmophilie, c'est-à-dire déperdition très rapide de sels minéraux, d'oligo-éléments et de vitamines, entraînant à chaque crise de sérieux troubles neuro-végétatifs, une grande fatigue et, à la longue, un vieillissement prématuré de l'organisme.

■ 1re semaine

POUR L'ESPRIT

● Travaillez... sur vous même

Les timides voudraient, le plus souvent, ne plus être timides. Ils s'en veulent, se raisonnent, essayent d'être différents, mais n'y arrivent pas.

Une des raisons en est que, le plus souvent, le timide ne sait pas pourquoi il est ainsi. Faites attentivement le jeu des cercles et celui de la balance, indiqués au chapitre 3, en insistant sur le passé. Cherchez dans votre enfance, votre adolescence et votre jeunesse les événements qui vous ont marqué, blessé au point de vous empêcher d'être heureux dans l'avenir. Faites le point. Il faut, surtout dans votre cas, savoir tourner la page pour aller de l'avant.

POUR LE CORPS

● Le régime de base

Faites, très consciencieusement, le régime de base. Il vous aidera à vous dénouer, à vous ouvrir aux autres et à la vie.

● Un exercice de la méthode de l'imagination

Cet exercice vous fera contracter toutes les parties de votre corps et exigera donc de vous un effort important. Faites-le lors d'une crise – d'émotivité ou de timidité – pour apprendre à maîtriser votre corps.

Inspirez tout doucement et profondément par le nez pendant sept à huit secondes tout en contractant toutes les parties de votre corps en imaginant que vous enfoncez vos jambes dans le sol. Serrez très fortement les poings.

Au sommet de l'inspiration, retenez l'air dans vos poumons pendant trois à quatre secondes, restez contracté, puis, tout en expirant doucement par le nez, relâchez progressivement tous les muscles de votre corps.

A faire cinq fois.

● Étirez-vous, bâillez

Dès le matin au réveil, étirez-vous dans votre lit, sans méthode particulière.

Dans la journée, renouvelez les étirements en faisant toutes les heures les exercices de respiration du traitement de base. Si vous sentez une envie de bâiller, ne vous retenez pas ; au contraire, cherchez à l'accentuer. Vous en ressentirez une grande détente qui calmera vos émotions.

● **Alimentation**

Évitez tous les poisons indiqués dans le régime de base. Le café, le café au lait, le thé, l'alcool..., sont plus pour vous que des stimulants; ils accentuent considérablement votre émotivité et vous font passer de la timidité à l'angoisse, la peur, l'agressivité.

– ***Au petit déjeuner :***

Buvez, en alternance, une infusion de thym, de romarin, ou de chicorée.

Évitez toutes les boissons qui contiennent du café, même si elles n'en portent pas le nom (lisez la composition des préparations).

– ***Après les repas :***

Buvez une infusion tiède, calmante, de tilleul, verveine, camomille ou fleur d'oranger.

● **Attention aux médicaments qui calment**

Une fois leur effet passé, vous plongez encore plus dans le désarroi. Ne les prenez en aucun cas sans avoir consulté un médecin.

Si vous êtes sous traitement médical, parlez à votre médecin de ma méthode. Il suivra votre amélioration et sera en mesure de diminuer vos doses de médicaments, mais ne les réduisez pas sans son accord.

• L'hydrothérapie

Dès que vous le pouvez, prenez des douches chaudes, puis tièdes, en terminant par quelques secondes à l'eau froide.

Évitez les bains trop chauds et prolongés qui peuvent provoquer une crise d'angoisse et des palpitations.

■ 2e semaine

POUR L'ESPRIT

• Le matin, visualisez votre journée

« Voyez » les situations que vous aurez à affronter, les gens que vous rencontrerez, pour vous y préparer et imaginer à l'avance l'attitude que vous adopterez.

• Cherchez les contacts

En douceur, multipliez les occasions de vous mêler à un groupe : cantine, dîner, sortie, etc. Ayant fait vos preuves, vous prendrez petit à petit de l'assurance, le goût du contact l'emportera sur la peur et vous éprouverez de la joie à participer aux conversations, à être apprécié, à rire, et à établir avec les autres de vraies relations.

- **Occupez-vous des autres**

La timidité s'accompagne presque toujours d'un certain égoïsme. On est malheureux, incompris et on a tendance à se regarder le nombril. S'occuper des autres, se rendre utile, est, dans ces cas-là, une excellente psychothérapie.

Participez à une association, à un organisme d'entraide, ou, tout simplement, ouvrez les yeux : les gens qui ont besoin de vous ne manquent pas autour de vous.

- **Soyez philosophe**

Prenez la vie du bon côté. Vous aurez peut-être du mal, mais forcez-vous, au moins une fois par jour, à réfléchir et à vous dire que ce que vous trouvez « effroyable » sur le moment n'est pas si grave.

- **Ayez confiance en vous-même**

Personne ne peut vivre heureux s'il ne s'aime pas, s'il se dévalorise en permanence. On ne peut pas tout réussir... Dites-vous qu'on ne peut pas non plus tout rater. Cherchez vos points forts et partez de là.

- **Ayez des passions, des coups de cœur, des hobbies**

Ils serviront de dérivatif à vos frustrations, seront pour vous une source de détente et de plaisir. A titre d'exemple :

– La musique : ses vibrations font resurgir des émotions, des souvenirs, et elle se fait psychothérapie;

– Le chant : il réussit aux timides qui ont souvent une

voix faible et une élocution difficile. Il favorise de surcroît l'oxygénation des poumons et accroît la confiance en soi;

– Les cours de comédie : quand on est mal dans sa peau, pourquoi ne pas entrer dans celle d'un personnage, parler par sa bouche, vaincre son trac ? Les comédiens sont parfois timides, rarement inhibés.

POUR LE CORPS

● Agissez, bougez

L'action canalise les émotions. Faites de la gymnastique, de la danse, de l'expression corporelle, du taï chi ou du yoga.

● Pratiquez une activité en groupe

Cherchez une activité physique que vous pourrez pratiquer en groupe, de préférence trois fois par semaine de trente à quarante-cinq minutes.

Pratiquez, au choix : la marche, la natation, le vélo, un sport d'équipe, etc. Les rapports humains noués autour du sport sont cordiaux, empreints de simplicité; ils vous aideront à vous sentir à l'aise.

● Soignez votre apparence

Cherchez votre style, habillez-vous, coiffez-vous, donnez-vous les meilleures raisons d'être à votre avantage. Vous aurez plus de courage pour vous affirmer.

● Faites-vous masser

Trouvez un thérapeute manuel rassurant, chaleureux mais ferme, avec lequel vous vous sentirez en confiance et pourrez établir sans problème un dialogue.

Une fois (ou plus) par semaine, pendant une demi-heure, il traitera tout votre corps en massages très doux (pas de frictions ni de manipulations) et insistera sur la gorge, la poitrine, le ventre et le dos.

● L'hydrothérapie

Si vous le pouvez, faites une cure de thalassothérapie, ou une cure thermale, non seulement pour en bénéficier, mais aussi pour rencontrer d'autres personnes qui ont les mêmes problèmes que vous.

● Un exercice de la méthode de l'imagination

Debout, jambes en demi-flexion, basculez le bassin, pubis vers le haut, dos droit et souple, bras tendus vers l'avant et parallèles au sol, poings serrés.

Inspirez en imaginant que vous tirez deux charges très lourdes vers vous, coudes au corps.

Expirez en imaginant que vous les repoussez vers l'avant avec les paumes des mains ouvertes.

Rentrez le ventre, arrondissez le dos comme si vous poussiez un mur imaginaire.

Répétez cinq fois.

■ 3e semaine

POUR L'ESPRIT

● Multipliez les situations intimidantes

C'est en vous poussant continuellement, sans réfléchir, dans différentes situations que vous arriverez à dominer votre timidité et freiner votre hyper-émotivité.

Commencez, dès cette troisième semaine, à ne plus fuir les situations que vous imaginez, à tort ou à raison, difficiles. Chacune de vos réussites sera comme une vaccination. Soyez patient : la rééducation est un travail de longue haleine, mais confiant : vous y arriverez.

● Ne soyez plus toujours celui qui subit

Le timide n'ose pas prendre la parole ni donner son avis, encore moins s'imposer. Il subit, obéit, suit, même lorsqu'il n'en a pas envie. Apprenez à dire quelquefois, tout simplement, non. Refusez qu'on vous impose votre propre conduite. Faites ce que vous croyez devoir faire, c'est ainsi que vous retrouverez votre force.

● Conseils

C'est dans l'enfance et dans l'adolescence que le caractère se forme. Si vous avez des enfants, laissez-les s'exprimer même s'ils ont une autre opinion que la vôtre. Ne leur imposez pas trop autoritairement votre volonté.

Lorsqu'ils grandiront, essayez de respecter leurs choix amicaux, sentimentaux et professionnels.

- **Acceptez les gens qui ont de l'humour**

Ils ironisent facilement, même sur vous ? Répliquez en ironisant aussi, plutôt que de vous replier sur vous-même et de vous sentir agressé. L'auto-dérision, l'humour sur soi-même, aident à prendre du recul et à trouver moins tragiques bien des situations. Apprenez à réfléchir aux moments où vous avez perdu votre sang-froid, où vous n'avez pas su répondre ; souriez-en, et préparez les réponses que vous ferez... la prochaine fois.

POUR LE CORPS

- **Affirmez-vous physiquement**

Même si vous n'aimez pas le sport, continuez les sports d'équipe que vous avez entrepris. Fixez-vous des objectifs, décidez de devenir le meilleur et, en tout cas, de vous surpasser.

Faites aussi de la musculation, de l'aérobic, un sport de combat pour vous défouler.

C'est en vous affirmant, en développant votre esprit de compétition, que vous pourrez dénouer vos complexes.

- **Inscrivez-vous dans des aventures de groupe**

... qui durent au moins trois ou quatre jours. Vous y nouerez des relations impossibles à établir dans un cours, même régulier, de trois quarts d'heure ou d'une heure, pris en pleine journée. Dans un stage ou un séjour, vous n'aurez plus d'échappatoire et, au milieu de gens que vous ne connaissez pas mais qui ne vous jugent pas, vous réapprendrez le naturel. Il existe de multiples possibilités : clubs de vacances, randonnées à pied ou à cheval, en montagne l'été, stages de ski de fond en hiver, voyages à thème, stages de remise en forme, croisières, excursions, fermes de santé, etc.

● Alimentation, hydrothérapie, massages

Même programme que pour les deux semaines précédentes.

● Retrouvez une sexualité équilibrée

Lorsqu'on est timide ou inhibé dans la vie, on l'est aussi en amour. On a parfois connu des échecs cuisants. Ne vous arrêtez pas sur un échec. Ayez le courage de rencontrer d'autres partenaires, faites preuve de patience; lorsque vous aurez trouvé celui ou celle qui vous convient, vos difficultés disparaîtront. Une sexualité mal vécue peut briser un être. Retrouver le plaisir des sens est aussi un moyen de retrouver sa personnalité.

C'est chez les timides que les blocages sexuels sont les plus courants et les plus importants. C'est pourtant chez eux aussi qu'il suffit de presque rien pour que les inhibitions disparaissent : l'effort de parler à l'autre ou de l'écouter, l'envie de lui donner du plaisir et la volonté de moins s'analyser soi-même. L'amour, c'est d'abord faire un pas vers l'autre. Le rendre heureux est, pour un timide, un pas important vers la guérison.

CONCLUSION

Il y a trois mille ans, la médecine chinoise savait déjà qu'un symptôme est comme un signal d'alarme dans la nuit, une lumière qui vous avertit d'un naufrage et vous montre de quel côté il faut commencer les recherches. Mais quel que soit ce symptôme, patiemment, avec quelques plantes, l'acupuncture, et surtout des paroles persuasives destinées à ramener le patient au bon sens, les anciens prenaient le temps de rétablir, un à un, les circuits énergétiques du corps, avant de prédire une guérison quelconque.

Il est des civilisations où, avant d'aller consulter un médecin, on va d'abord parler au gourou, au sage ou au chamane ; des religions où l'on prie pour implorer la guérison avant de prendre des médicaments, cherchant en soi-même une cause, une raison, une faiblesse, ou attendant avec espoir que la foi vous sauve.

Les plus cartésiens savent que, parfois, ça marche. Sinon, comment expliquer les miracles en tous genres, les guérisons de Lourdes, celles des marabouts et autres « chirurgiens » philippins ?

Plus près de nous, l'homéopathie, dont nul n'a jamais su prouver l'efficacité ni même décrire les mécanismes, obtient des résultats sur ceux à qui elle a su inspirer confiance et qui croient en elle.

Exemples parmi d'autres, connus de tous, lointains ou plus présents, et qui montrent que la science ne peut pas être sans faille quand il s'agit de soigner des personnes humaines atteintes d'un de ces maux qu'on dit « de civilisation » et qui mettent en jeu, pour qu'on puisse les vaincre, les défenses les plus intimes de l'individu : défenses immunitaires et, par là, défenses de l'être tout entier, corps et âme mobilisés pour se défendre.

Pendant des siècles, c'est-à-dire pratiquement tout au long de notre histoire, seuls les forts survivaient. Les faibles ne passaient pas l'âge tendre et la majorité de la population mourait jeune. Les guerres, les famines et les épidémies accéléraient l'élimination d'une partie de la population. Il fallut attendre qu'apparaissent le confort et les grandes découvertes médicales pour que s'allonge la vie des hommes, désormais protégés à la fois par les progrès de l'hygiène et ceux de la médecine. Fabuleuse époque qui vit naître, en vrac, la sociologie, la psychanalyse, la physique nucléaire, la génétique... Chaque chercheur se spécialisa, avançant à pas de géant vers l'infiniment petit, l'infiniment précis.

La science médicale ne pouvait échapper à la règle qui voulait que chaque domaine ouvrait un tel foisonnement d'hypothèses à explorer que l'on ne pouvait tenter d'appréhender l'ensemble sans risquer de s'y perdre. Et, tandis que les praticiens s'acharnaient – et réussissaient – à dévoiler chaque secret de chaque gène de chaque cellule de l'organisme humain, d'autres, suivant Freud, plongeaient dans les méandres de l'inconscient. La psychologie, la psychanalyse, connaissaient leurs premières et fascinantes victoires. Entre l'école du corps et celle de l'esprit, désormais, il faudrait choisir. Pas trancher : entre l'un et l'autre, il y a rarement conflit, seulement méconnaissance ou indifférence. Ou encore respect : à chacun son domaine et ne nous mêlons pas de ce qui regarde l'autre !

Dans les cas extrêmes, science et urgence, faisant bon ménage, assurent le plus souvent la survie. Les polytraumatisés de la route, les grands névrosés, les cardiaques, les maniaco-dépressifs, tous ceux qui présentent une détresse physique ou psychologique importante sont, sauf exception, pris en charge rapidement et sauvés, au sens où la qualité et le niveau de la médecine et de la chirurgie, dans nos pays occidentaux, leur assurent la vie sauve.

Pourtant, il apparaît clairement que toutes les maladies, toutes les atteintes à l'intégrité physique ou morale d'une personne humaine, ne sont pas de même nature.

Le doute commence lorsque apparaissent des affections comme le cancer et, aujourd'hui, le sida. On sait maintenant que dans un corps sain des cellules, à un moment, dégénèrent. Et que les mécanismes de défense communs à chacun d'entre nous – qui tous encourons les mêmes risques –, chez certains jouent leur rôle de tueurs des cellules malades, et chez d'autres laissent faire. Alors naît cette tumeur qu'on appelle cancer. Le cancer, par le nombre des personnes atteintes et la mobilisation qu'il a déclenchée dans le monde médical, nous a beaucoup appris sur l'homme. Il nous a fait comprendre l'essentiel qui est qu'on ne comprend pas tout. Une fois acquise la connaissance intime de la maladie, de son évolution, des traitements possibles et de leurs conséquences, il reste l'impondérable.

Des cancérologues parmi les plus éminents disent aujourd'hui publiquement qu'il entre à chaque stade de la maladie, de son apparition à son dénouement, une part qui leur échappe. Chaque homme, chaque femme, a un patrimoine génétique, une histoire, une « mémoire » – des souvenirs, des malheurs, des bonheurs – dont il tire ses propres ressources pour lutter contre l'adversité ou la mort. Et, là aussi, il y a des forts et des faibles, des pauvres et des riches.

On devrait, pour certaines maladies – et le cancer en est une illustration exemplaire –, parler d'accidents de la vie, comme on parle d'accidents de la circulation, tout en sachant que la médecine, admettant honnêtement cela comme un fait, entre dans la zone de l'impondérable et de ses dangers.

Les hommes et les femmes d'aujourd'hui ont en commun une vraie difficulté à vivre, cachée par les apparences matérielles d'un confort sans cesse croissant. On vit mieux, qui le nierait ? On a davantage de voitures, de réfrigérateurs, de vacances, ou une espérance de vie plus longue. Mais on n'est pas plus heureux car on a moins de temps, d'idéal, d'amour et de certitudes. Si bien que des millions de gens apparemment normaux – en tout cas comme vous et moi – expriment par de multiples symptômes physiques et faciles à nommer les blessures morales qu'ils ont du mal à avouer et même à discerner. Psychosomatique, dit-on. Certes, mais pas uniquement, car, à vivre aussi intimement liés, imbriqués, l'un réagissant sur l'autre, l'âme et le corps sont bien difficiles à dissocier : je suis malheureux, donc j'ai mal, situation classique ; j'ai mal, donc je suis malheureux, situation courante. Supporter mois après mois des maux de ventre ou de dos finit par saper le moral, l'énergie, la faculté d'être en forme et d'être disponible à la vraie vie.

On ne peut changer ni la vie, ni la société, ni le système dans lequel chacun de nous est inscrit et doit trouver sa place. Mais on peut changer sa propre vie, la prendre en main, l'infléchir, l'organiser pour en tirer le meilleur et non en supporter le pire.

J'espère avoir donné, tout au long de ce livre, quelques clés pour trouver le *chemin du bien-être*. Chacun pourra reconnaître les siennes mais il n'existe ni règle, ni régime universel. Il y a, pourtant, un besoin impérieux pour les êtres humains que nous sommes de réapprendre et de contrôler les fonctions vitales qui sont le fondement même de notre existence.

Respiration, relaxation, alimentation, sont à ce point des fonctions essentielles que le dysfonctionnement de l'une ou de l'autre entraîne des réactions en chaîne, psychologiques et organiques, telles que l'harmonie de l'individu est rompue. Ce « traitement » de base me paraît, au regard d'une expérience déjà longue, le meilleur moyen de retrouver son intégrité, c'est-à-dire la pleine possession de ses facultés physiques et intellectuelles.

Il est paradoxal d'employer, au sujet de fonctions aussi naturelles, le mot « traitement ». Mais la réalité est que nous avons à ce point oublié ce que nous sommes que nous en oublions aussi le vrai savoir-vivre, celui qui nous permet tout simplement de vivre.

C'est pourquoi j'ai écrit la seconde partie de ce livre. Elle s'adresse aux traumatisés de la vie, pour qu'ils trouvent en eux la force et la volonté nécessaires à l'application de règles élémentaires. Mes patients – et peut-être bon nombre des malades fonctionnels – ont, momentanément ou peu à peu, laissé s'émousser leur instinct de conservation. Ils ont cessé de se protéger, renoncé, face à trop d'agressions de toutes sortes et, surtout, laissé se perturber, de plus en plus, à la fois leur existence personnelle et leur métabolisme. Pour qu'ils trouvent l'envie et le courage de se battre contre eux-mêmes, de réapprendre, comme des petits enfants, les actes les plus simples de l'existence, il faut d'abord soigner ces patients, les empêcher de souffrir, car la douleur les empêche d'agir et de réfléchir. C'est pour m'en être aperçu bien souvent que j'ai mis au point cette méthode à deux vitesses qui traite l'urgence avant l'existence. Ainsi, ensuite, quand les troubles s'estompent, mes patients sont capables de se consacrer au réapprentissage des fonctions essentielles de la vie.

Reste qu'apprendre ou réapprendre ne va pas sans comprendre et que gagner est toujours une victoire sur soi-même. Dans la mesure même où chacun est unique, chacun doit trouver les voies de son propre équilibre. Donc se connaître tel qu'il est, s'accepter et analyser lucidement les circonstances de sa vie présente et passée pour bâtir son avenir sur des bases solides. Nul ne peut espérer construire durablement l'harmonie entre son corps et son esprit sur l'ignorance, et encore moins le mensonge. C'est assurément le plus difficile. Nous avons tous nos lâchetés, petites ou grandes, nos fuites, nos tendances à rejeter dans l'inconscient ce qui nous gêne. Il faut pourtant payer le prix de la lucidité pour vivre bien, c'est-à-dire à la fois en forme et heureux.

Depuis une quinzaine d'années, parce que la médecine traditionnelle ne leur apportait plus la guérison attendue, un nombre croissant de patients se sont tournés vers ce que l'on a appelé les médecines « parallèles » : homéopathie, acupuncture, phytothérapie, aromathérapie, médecines manuelles, etc. Ce succès a, paradoxalement, provoqué une absurde guerre : « traditionnels » contre « parallèles », voire entre « parallèles ». Il est urgent, devant le désarroi de tant de malades, de revenir à des vérités simples. Thérapeutes de toutes les disciplines, unissez-vous ! Chaque « spécialité » peut apporter aux autres sa propre vision de l'être humain et ses méthodes particulières, à condition qu'elle ne prétende pas détenir à elle seule la science infuse.

Je crois profondément que les vrais thérapeutes de demain ne seront ni manuels, ni physiques, ni psy, mais un peu les trois à la fois ; qu'ils sauront toucher les corps et écouter les âmes, retrouvant ainsi le rôle des guérisseurs, les vrais, ceux pour qui toute personne est une et entière et ne peut exister, en bien ou en souffrances, que totalement. Mais guérisseur ne veut pas dire sorcier. Pour que ces « médecins du troisième millénaire » puissent pratiquer ce qui sera redevenu un art, les patients devront avoir compris que nul ne peut les aider s'ils n'ont pas en eux une vraie volonté de mieux vivre.

Table des matières

Cet ouvrage a été réalisé par la
SOCIÉTÉ NOUVELLE FIRMIN-DIDOT
Mesnil-sur-l'Estrée
pour le compte des Éditions Fixot
64, rue Pierre-Charron, 75008 Paris
en septembre 1990

Imprimé en France
Dépôt légal : septembre 1990
N° d'impression : 15486
ISBN : 2-87645-082-8